Laura Gassner Otting

ILIMITADO

Ignore a opinião alheia e construa seu
próprio ideal de sucesso!

ubook

Publicado mediante acordo com Ideapress Publishing. Edição original do livro *Limitless: How to Ignore Everybody, Carve Your Own Path, and Live Your Best Life*, publicada por Ideapress Publishing.

COPIDESQUE Christian Danniel
REVISÃO Hellen Suzuki | Mariana Paixão
CAPA Bruno Santos
DIAGRAMAÇÃO Flávio Augusto
IMAGEM DE CAPA Gennady Danilkin

Dados Internacionais de Catalogação na Publicação (CIP)
(Câmara Brasileira do Livro, SP, Brasil)

Otting, Laura Gassner
Ilimitado : descubra o seu próprio ideal de sucesso / Laura Gassner Otting ; tradução UBK Publishing House. -- 1. ed. -- Rio de Janeiro : Ubook Editora, 2021.

Título original: Limitless
ISBN 978-65-5875-083-3

1. Autoajuda 2. Autodesenvolvimento 3. Carreira profissional 4. Desenvolvimento profissional I. House, UBK Publishing. II. Título.

21-53912 CDD-650.14

Ubook Editora S.A
Av. das Américas, 500, Bloco 12, Salas 303/304,
Barra da Tijuca, Rio de Janeiro/RJ.
Cep.: 22.640-100
Tel.: (21) 3570-8150

Sumário

A Arnie Miller, que me ensinou

a dar tudo de mim em tudo o que eu faço.

Introdução

Se for alguém como eu, você passou a maior parte de sua vida profissional trabalhando duro, se portando com excelência, para construir *o* currículo perfeito que o colocaria em vantagem para uma grande oportunidade ou para a próxima promoção.

Se for alguém como eu, você certamente seguiu os conselhos de todo mundo sobre a definição de sucesso e sobre qual é o caminho mais rápido para preencher toda a lista de pré-requisitos esperados ao longo de sua jornada.

E se for alguém como eu, uma vez que tenha preenchido todos os pré-requisitos da trajetória de sucesso de outra pessoa, você olhou para trás e se perguntou por que, quando tudo estava tão "completo", ainda parecia tão vazio.

Bem, você não está sozinho. Há quase duas décadas, me senti do mesmo jeito. No trabalho, eu estava a todo vapor, mas estava entediada, insatisfeita, vazia. No papel, minha carreira era brilhante. E mesmo assim eu estava infeliz. Eu me sentia uma fraude. Estava cercada, limitada, contida pelas expectativas alheias sobre o que eu deveria fazer e como deveria me sentir.

Eu não tinha harmonia.

Diferente de um certo zelador da Nasa em 1962.

Talvez você já tenha ouvido falar dele. A história (provavelmente inventada) é esta: a corrida espacial estava de vento em popa, quando o presidente

John F. Kennedy visitou Cabo Canaveral pela primeira vez. Durante sua visita à base, ele notou um zelador limpando o esfregão e interrompeu o passeio para se apresentar.

"Olá, eu sou Jack Kennedy", disse o presidente (segundo a história). "Qual é seu trabalho aqui?"

O zelador respondeu: "Estou ajudando a levar um homem à Lua."

Aquele zelador não se sentia constrangido pelas definições de sucesso de outrem. Ele fazia um trabalho importante para ele, em busca de objetivos que igualmente lhe importavam. *O que* ele fazia correspondia a *quem* ele era. E foi isso que o tornou ilimitado.

Não era o meu caso.

Por que minha história era tão diferente da do zelador? O que ele sabia que eu não sabia? Eu tinha feito tudo certo, então por que parecia que tinha feito tudo errado?

O problema de "fazer acontecer"

Meu problema, naquela época, não era minha busca pelo sucesso. Assim como você, eu estava determinada a seguir qualquer caminho que fosse necessário para alcançar meus objetivos. Não, meu problema era de perspectiva. Eu estava focando o problema errado, por isso minha solução também era errada.

Achei que tinha descoberto como resolver o problema de encontrar o caminho mais rápido para a definição de sucesso que eu tinha absorvido de meus pais, professores, mentores e amigos. Mas eu estava enganada. Em vez de tentar alcançar essa versão externa e amplamente aceita de sucesso, deveria ter buscado um sucesso que realmente funcionasse para *mim*: algo específico, singular, particular.

Logo aprendi que esse não era apenas um problema meu, mas um problema compartilhado por muitos outros. O problema não é como *alcançamos* o sucesso, mas como *definimos* o sucesso.

Desde cedo ouvimos, e com frequência, como sermos bem-sucedidos. Livros como *Faça Acontecer*, que provocou uma turbulência no mundo profissional em 2013, nos encorajam a seguir um caminho em particular: escalar até os holofotes, disputar os melhores resultados, estar entre os melhores. Esse conselho lidera o caminho da assertividade, da ousadia, da condução para o topo hierárquico, com toda a velocidade e determinação que pudermos reunir. Isso nos incentiva a nos colocarmos no centro do fluxo dos negócios.

Bem, "fazer acontecer" pode ser um bom caminho para muitos, mas não é o caminho certo para todos. Acontece que a própria pesquisa de Sheryl Sandberg mostra que, apesar de todo esse esforço, não houve grandes mudanças em termos de igualdade de remuneração ou ainda a garantia de que mulheres ocupem posições de liderança. Na verdade, como a pesquisa aponta, "o progresso continua muito lento, e talvez até esteja estagnado".[1]

E não são apenas as mulheres que são limitadas por essa definição míope e inflexível de sucesso. Somos todos limitados — mulheres e homens — a medir nosso progresso pela velocidade e pelo quão alto subimos. Estamos limitados pelo fardo e pela imaginação dos outros. Estamos limitados por suas opiniões sobre quem somos e onde pertencemos. Somos tão limitados a cumprir os pré-requisitos do sucesso de outras pessoas que nos esquecemos de determinar os nossos próprios. E, nesses limites, nós nos perdemos.

No início, eu comprei essa ideia. Fazer acontecer: essa e outras abordagens sufocantes e maquiavélicas do sucesso profissional funcionaram para mim — até eu perceber que elas não funcionavam. Comecei a reagir contra essa rota única e estreita para o sucesso. Já havia alcançado esse tipo de sucesso e queria algo completamente diferente agora. Eu precisava de um objetivo, eu exigia sentido. Precisava viver uma vida com propósito.

1. McKinsey & Company and LeanIn.Org, "Women in the Workplace 2017", <https://womenintheworkplace.com>.

Entretanto, eu não precisava viver essa vida de propósito com "P" maiúsculo. Não tinha planos de ganhar um Prêmio Nobel da Paz ou de descobrir a cura para o câncer. Não precisava que o mundo lamentasse minha morte, com um obituário de página inteira no *New York Times*. Mas eu precisava sentir que minha vida tinha um propósito, para inspirar as pessoas que amo e para refletir sobre as causas em que eu acreditava.

Eu precisava que meu trabalho importasse.

Acabei descobrindo que, para sua vida profissional *parecer* a coisa certa para você, ela realmente precisa *ser* a coisa certa para você. Eu gostaria, então, que você parasse de ser refém dos outros. Antes de tudo, determine o que é certo para você e estabeleça novas metas que possam refletir um caminho único, que lhe faça sentido. Eu quero que você se torne ilimitado.

E para fazer isso, você terá que alinhar seu trabalho com quem você é. Para se tornar ilimitado, você deve alcançar a harmonia.

Tornando-se ilimitado

Basicamente, *harmonia* é quando *o que* você faz combina com *quem* você é (ou quer ser). Você alcança a harmonia quando seu trabalho tem propósito e significado para *você*. Esse significado pode ser profissional, social ou pessoal. Pode ser real (alguma mudança concreta e imediata em sua vida) ou ideal (uma mudança sutil em suas intenções).

É fácil reconhecer a harmonia, mas é preciso ter a intenção de alcançá-la. Perceber que ela está faltando é, muitas vezes, mais fácil do que descobrir como obtê-la.

Ao entrevistar centenas de líderes dos setores sem fins lucrativos, público e corporativo, vi repetidamente os danos causados pela falta de harmonia, pela desconexão entre propósito, ação e visão externa de sucesso. E vi, ainda, que o verdadeiro sucesso vem de uma combinação de quatro elementos particulares que permitem construir seu próprio caminho, fazer seu melhor trabalho e viver sua vida da melhor maneira.

Explorar os quatro elementos fundamentais — *vocação, conexão, contribuição* e *controle* —, examinados em detalhes no capítulo 1 deste livro, ajudará você a romper seus limites externos e internos. Entender como esses elementos se alinham, pessoal e profissionalmente, permitirá que se torne ilimitado.

Este livro começa com a premissa de que a única definição de sucesso que conta é a sua — e somente a sua —, e que a única maneira de ser verdadeiramente ilimitado é embarcar na jornada de sua própria vida. Incentivo você a parar de dar ouvidos às pessoas que não deveriam nem sequer ter voz em sua vida. A decisão é só sua. E só *você* pode determinar quanto precisa de cada um daqueles quatro elementos para estar em *harmonia* e fazer acontecer o que é importante para você.

Minha abordagem é baseada em uma carreira de vinte anos estudando, recrutando e gerenciando líderes através de grandes mudanças na carreira. É baseada em minha própria história — ao longo de minha carreira, em meu local de trabalho — e nas histórias de muitos outros que estão descobrindo seu próprio caminho, à sua própria maneira. Vamos explorar algumas dessas histórias aqui.

Também vamos examinar como é ser ilimitado, pois talvez você esteja sofrendo para alcançar esse estado, e como identificar e priorizar — com confiança — os vários condutores que direcionam sua própria vida. Vamos explorar passos de ação, que podem ajudá-lo a decidir se seu caminho para a harmonia vai exigir uma mudança de carreira, de local de trabalho ou de si mesmo. E, se sentir que não tem o privilégio de fazer essa mudança agora, este livro lhe dará algumas táticas a serem empregadas nesse meio-tempo, para que você possa estar preparado quando a hora certa chegar.

Aquele zelador da Nasa, em 1962, tinha uma vocação. Ele não era engenheiro, matemático ou astrofísico, mas reconheceu que desempenhava um papel crucial na manutenção do ambiente necessário para que seus colegas da Nasa alcançassem seus objetivos. Ele viu uma nítida conexão entre suas tarefas, seus objetivos diários e a missão crítica da organização. Os valores e as realizações da organização o inspiraram e contribuíram para seu sentimento de orgulho. Aquele senhor tinha domínio do quanto era capaz de conectar seu trabalho diário à própria vocação e da contribuição que fazia parte de sua vida. Ele não estava limitado pela definição de sucesso de outra pessoa. Ele sabia que todos desempenhavam um papel importante, independentemente de ser aquele que segura uma vassoura ou uma calculadora. Em resumo, ele era ilimitado — porque tinha encontrado a própria harmonia.

Agora, vamos atrás da sua.

PARTE UM

A CRISE DA HARMONIA

Capítulo 1

Por que ficamos estagnados

O capitão do Exército Joshua Mantz sabia exatamente o que estava acontecendo quando a bala o atingiu, naquele dia quente e poeirento, em Bagdá, em abril de 2007. Ele sabia exatamente o que estava acontecendo enquanto o sangue corria para seu estômago e peito, do jeito que acontece quando o corpo faz o último esforço para proteger os órgãos vitais. Ele sabia exatamente o que estava acontecendo quando pensou em sua família, deu seu último suspiro e morreu.

Quinze minutos após ter sido baleado por um inimigo, Josh Mantz sofreu uma parada cardíaca. Durante todo esse tempo, os médicos continuaram a administrar reanimação cardiorrespiratória, remédios e uma rápida sucessão de solavancos de um desfibrilador. Então, milagrosamente, o pulso de Josh retornou, inicialmente fraco, mas aos poucos se fortalecendo. Ele voltou dos limites da morte — e com sua capacidade cerebral totalmente intacta. A partir daí, se deparou com a necessidade de descobrir o porquê.

Pode ser considerada banal esta ideia de que, uma vez que você tenha encarado a morte de frente, o próximo passo seja descobrir o que tudo isso significa. (Ei, não me culpe: você é quem acabou de pegar um livro sobre viver melhor a vida.) Mas após horas de conversa com Josh, aprendi uma coisa. E não, não foi que ele viu uma luz brilhante no fim de um túnel. (Ele não viu. Eu perguntei.) O que aprendi foi o seguinte: o vazio, muitas vezes, é mais claro do que a solução. Sabemos quando as coisas não estão bem, só que nem sempre sabemos ao certo o que está errado.

Quando você está confuso ou insatisfeito com seu trabalho ou sua vida, o vazio é óbvio demais. Resolver o vazio é que é difícil.

A sorte é um estado de espírito

Quando Josh retornou ao serviço militar, após uma árdua recuperação física, ele se jogou no trabalho com tanta fúria que foi premiado com as melhores missões, até ganhou uma promoção precoce para major, mas desenvolveu uma enfermidade conhecida como doença de Crohn, que, de tão brutal, quase o matou novamente. Ele teve que desacelerar, antes de se desligar — precisou se afastar um pouco e obter clareza. Mas, como Josh vai nos mostrar, ele não é tão bom em fazer as coisas pela metade.

Josh sabia que se quisesse se afastar de sua carreira militar meteórica e acelerada, a única que buscou ou conheceu, ele teria que voltar ao princípio. Então, fez exatamente isso: deixou as Forças Armadas por completo e se juntou à empresa do setor privado que mais cresce no mundo: a Tesla. (Eu disse que ele não fazia as coisas pela metade.)

O ritmo parecia de combate, a missão era a dominação mundial e o foco do fundador era singular e inabalável. A Tesla era um ambiente confortável e familiar, para dizer o mínimo, e que alimentaria em Josh a completa busca pelo sucesso.

Mas Josh continuava recebendo pedidos para falar em público sobre sua experiência no Iraque e os meses e anos que sucederam sua morte. As pessoas queriam que ele falasse sobre recuperação e trauma. Ele trabalhava dezesseis horas por dia, na sede de desenvolvimento de lideranças da Tesla e nos programas de engajamento de funcionários da empresa. Depois, corria até o aeroporto para pegar um voo e fazer um discurso, antes de correr de volta para o trabalho, no dia seguinte. Era, como ele diz, algo "sedutor" — uma paixão inevitável, algo que ele não podia evitar. Mas esse estilo de vida era insustentável. Ele vivia duas vidas, com cada pé num barco diferente e cada barco indo em direções opostas. Faltava harmonia.

Tudo o que Josh estava fazendo importava. Eram tarefas importantes. Ajudar aqueles com trauma era, sem dúvida, salvar vidas, e isso era muito gratificante. Era um trabalho de mexer com as emoções. A Tesla crescia num ritmo que conquistava histórias de primeira página ao redor do mundo, e seu trabalho lhe ensinava lições valiosas e inebriantes. A cada dia, mais pessoas lhe diziam como ele era incrível, como sua carreira era incrível, como sua vida era incrível. Mas ele não se sentia tão incrível assim.

Se por um lado a vida Josh era repleta de fascínio, por outro, ele não tinha alinhamento. Em vez de clareza, havia confusão. No lugar de harmonia, dissonância. Ele era bombardeado pelo conflito: dúvidas sobre quem era, com o que se importava, como passava seu tempo e qual visão de mundo queria criar. Ele estava estressado e vazio — enquanto todos lhe diziam, de novo e de novo, que ele era o cara mais sortudo do planeta.

Se o "cara mais sortudo do planeta" duvida de seu propósito e sente que está girando fora da órbita, então, com certeza, o resto de nós não tem nenhuma chance, certo? Bem, na verdade, não. Se quem você é não corresponde ao que você faz, seja como for, é hora de descobrir o porquê.

Josh precisava refletir seriamente e tomar uma direção na vida. Ele se sentiu motivado a seguir sua verdadeira vocação e revelar a verdade por trás do trauma, e o que realmente acontece quando os soldados voltam da guerra. Então, deixou a Tesla para se aventurar na área da saúde, pensando que um cargo de gerência na Acadia Healthcare — uma das maiores provedoras de saúde dos Estados Unidos — o ajudaria a alcançar sua vocação de ajudar aqueles que sofreram com abuso sexual, dependência química, tiroteios escolares e uma lista interminável de outras experiências relacionadas a traumas. Mas ele ainda era confrontado por trabalhar dentro de um modelo de tratamento tradicional — e, de sua perspectiva, corrompido.

Josh mergulhou fundo em sua própria alma e decidiu retirar tudo que restava de sua conta bancária, enquanto descobria como prosseguir de maneira que funcionasse tanto para aqueles que ele queria ajudar quanto para si mesmo. Ele precisava estar em um lugar profissional onde pudesse ver a conexão entre o trabalho que fazia e a solução que buscava. E precisava, para sua própria saúde, fazer isso de uma maneira que pudesse controlar e escalar o ritmo de como trabalhava e a quem tratava.

Josh passou um ano e meio — os meses mais difíceis de sua vida, segundo ele, incluindo aqueles em que teve que aprender a caminhar novamente — escrevendo sua aclamada autobiografia, *The Beauty of a Darker Soul*, na qual descreve sua morte, sua jornada de volta à vida e seus esforços para criar uma empresa de treinamento e consultoria em liderança, a Asymmetric Minds. A organização foca como os líderes podem integrar experiências psicologicamente adversas para conseguirem um ótimo desempenho nos âmbitos individual e organizacional. Em resumo, Josh ajuda pessoas e empresas a entenderem como transformar experiências traumáticas em estímulos, não apenas cicatrizes.

A busca de Josh pela harmonia pessoal produziu um cenário de vantagem mútua: ele descobriu sua maior realização em sua vida profissional, e inúmeras pessoas podem agora se beneficiar de sua abordagem revolucionária de liderança. O caminho de Josh para se tornar ilimitado veio arrancado das garras da morte. A boa notícia para você é que o seu não será tão doloroso.

Então, vamos começar.

O que é harmonia?

Harmonia é a sensação de pertencimento sem atritos, de passos momentâneos, de relevância. É uma força orientadora que revela como seu trabalho (seja ele qual for) contribui para o plano geral de sua vida.

Ela conecta suas atividades diárias ao sucesso daqueles a seu redor e lhe dá a clareza do porquê de *você especificamente* se encontrar naquela cadeira, naquele escritório, naquela seção do organograma. Harmonia não é apenas um propósito escrito em caixa alta (e sublinhado). É o *seu* propósito, livre e claramente definido por você, e colocado em ação através da consciência e do alinhamento com seu plano de vida.

A harmonia parece diferente para cada um. Além disso, ela está em constante mudança, evoluindo à medida que envelhecemos, que passamos pelas várias etapas da vida e ajustamos nossas prioridades. Sua harmonia é única para você, no entanto, os quatro elementos que a compõem são fixos.

Os quatro elementos da harmonia

Os elementos da harmonia são *vocação*, *conexão*, *contribuição* e *controle*, e você precisará ter, pelo menos, um pouquinho de cada um dos quatro.

Espere, o quê?! Eu preciso ter *os quatro* elementos para alcançar a harmonia?

Sim, isso mesmo. Sem os quatro elementos, é impossível passar da confusão à clareza e sentir-se confiante e ilimitado em suas escolhas.

Então, o que exatamente cada um dos quatro elementos da harmonia implica?

Vocação é uma atração gravitacional para um objetivo maior que você mesmo: um negócio que você quer construir, um líder que o inspira, um mal social que deseja remediar, uma causa à qual deseja servir.

Conexão lhe dá uma visão de como seu trabalho diário serve a essa vocação, resolvendo o problema em questão, aumentando o lucro da empresa ou alcançando essa meta.

Contribuição significa que você entende como esse trabalho, essa marca ou esse salário contribui para a comunidade à qual você quer pertencer, para a pessoa que você quer ser ou para o estilo de vida que gostaria de viver.

Controle reflete como você é capaz de influenciar sua conexão com aquela vocação, a fim de ter algo a dizer na atribuição de projetos, prazos, colegas e clientes; oferecer contribuições para metas compartilhadas; e fazer trabalhos que contribuam para sua trajetória de carreira e ganhos.

Você pode pensar desta maneira: até que sejamos capazes de *controlar* como nossa *conexão* e nossa *contribuição* influenciam e são influenciadas por nossa *vocação*, continuaremos a ser limitados na confiança que temos e nas escolhas que fazemos.

Rohit Bhargava foi um autor, palestrante e professor universitário que reconheceu um problema que precisava ser resolvido: ele não gostava da forma como as editoras tradicionais tratavam e compensavam os autores. Como autor, sentia-se sem controle e à mercê do mercado editorial. Isso estava dificultando sua capacidade de fazer seu melhor trabalho. Rohit queria fazer o que adorava: publicar livros para que grandes ideias pudessem alcançar voos mais altos.

Vendo uma oportunidade de construir um negócio de sucesso em torno de um modelo mais justo, Rohit lançou sua própria marca, a IdeaPress. Ele agora oferece a pensadores e especialistas inovadores (como esta adorável autora) uma alternativa aos contratos menos favoráveis, oferecidos por editoras maiores. A construção de seu próprio negócio permitiu a Rohit alinhar melhor seu trabalho com seu propósito geral (sua *vocação*), *contribuir* para a vida que ele queria viver e ter *controle* total sobre seu destino.

Renee Koczkodan é uma cabeleireira que trabalhou por dezoito anos em salões de outras pessoas, onde se sentia presa e desvalorizada aos olhos dos donos, que, além de serem gerentes ruins, ainda se apropriavam de grande parte dos ganhos dos funcionários. Então, um dia, Renee ouviu falar de uma oportunidade de alugar uma cadeira em um salão, onde poderia ter mais controle sobre sua própria margem de lucro. Ela identificou quanto precisava ganhar e depois passou o resto de seu tempo treinando para se tornar instrutora de ioga e coach de saúde. As mudanças que fez lhe deram *controle* sobre sua vida profissional e lhe permitiram seguir sua *vocação*: construir um portfólio holístico de beleza, por dentro e por fora.

Rohit e Renee, tal como Josh, são exemplos de como alguém pode alcançar harmonia na vida. No entanto, cada um adotou uma abordagem diferente para se tornar ilimitado; não há uma fórmula única que permita a todos encontrar a harmonia.

Se você vai abrir o caminho para se tornar ilimitado em sua vida pessoal e profissional, precisará ignorar todos e esculpir sua própria trajetória. Combinar e equilibrar os quatro elementos para se adequarem à *sua versão particular* de harmonia lhe dará a confiança para fazê-lo.

Muitas versões de harmonia

Cada um de nós valoriza *vocação*, *conexão*, *contribuição* e *controle* de forma diferente, e sua avaliação mudará conforme sua carreira evolui. Alguns de nós querem e se beneficiam de um pouco de cada elemento, um equilíbrio relativamente uniforme. Outros sacrificam um pouco dos elementos que importam menos para aumentar aqueles que importam mais. Você pode alcançar sua versão individual específica de harmonizar seu trabalho diário e suas energias, paixões e habilidades na busca por objetivos maiores — estando consciente e desenvolvendo, pelo menos, um pouco de cada um dos quatro elementos.

O peso que você atribui a cada elemento variará em diferentes etapas de sua carreira, e esses pesos definirão a direção que sua carreira deverá tomar. Mas fique atento: seu caminho para se tornar ilimitado é um trabalho em progresso. Ter muito de algum elemento e nada dos outros é, muitas vezes, necessário para um ganho a curto prazo, em diferentes estágios da carreira. Nos primeiros anos, por exemplo, as várias tarefas necessárias que você não gosta de fazer vêm com pouquíssima *conexão* (a não ser que você adore fazer café, arquivar papéis e outras tarefas não tão glamorosas), mas com muita *contribuição* (na forma de networking e aquisição de habilidades, embora geralmente não monetária). Mais tarde, o *controle* (a flexibilidade para estabelecer suas próprias horas ou influenciar seu fluxo de renda) pode ser mais importante para você do que a *vocação* (se você ama, ou não, a empresa do fundo de seu coração).

Josh reconheceu em si mesmo a importância desse primeiro elemento da harmonia, *vocação*: uma motivação abrangente, um objetivo a alcançar, um problema a resolver, uma questão a superar, um limite a conhecer, uma marca ou um líder a amar. A vocação dele é ampliar a capacidade de liderança por meio de uma melhor compreensão do trauma. Mas o que lhe permitiu ser ilimitado, o que dá forma e andamento à *vocação*, é o segundo elemento: a *conexão* que ele sente sobre o modo como suas tarefas diárias têm impacto no cumprimento de sua missão geral. Sentir-se conectado a algo maior — qualquer que seja sua motivação, seja para a comunidade, empresa ou país — pode ser profundamente realizador.

Ao longo de sua carreira, Josh colocou todo o peso na vocação e na conexão. O que lhe permitiu ficar ilimitado foi finalmente lapidar o terceiro e o quarto elementos da harmonia: *contribuição* e *controle*. Josh aprendeu que precisava ter consciência da contribuição que seus esforços ofereciam — como redefinir o trauma, prover cura mental e emocional, e desenvolver qualidades de liderança em outros poderia ser seu trabalho, não apenas algo feito no tempo livre. Fazer um trabalho que ofereça o estilo de vida que você precisa (tanto financeiramente quanto em termos de saúde) lhe permite deixar seu trabalho fazer parte do seu eu mais completo.

Tornar-se ilimitado também exigia que Josh tivesse certeza de que tinha algum nível de controle sobre quais funcionários trabalhavam a seu lado e quais líderes ele treinaria nesse novo paradigma. Ter controle sobre seu ambiente de trabalho — o trabalho que você faz, as pessoas com quem colabora, o caminho de carreira que constrói, seu potencial de ganho — satisfaz uma necessidade humana básica de ter poder de ação em seu mundo pessoal.

Josh fugiu às expectativas e normas, esquivou-se das habituais definições de sucesso que o rodeavam e pavimentou seu próprio caminho. Ao fazer isso, ele alinhou sua energia, sua missão e seus talentos. Ele tornou-se ilimitado.

O caminho errado

Ser limitado é uma droga. Reconhecemos os limites, quando eles nos afetam, e sabemos o quanto sermos ilimitados nos faz sentir bem. Muitas vezes, ansiamos por ser ilimitados, mas, como Josh, muitas vezes erramos, antes de finalmente acertarmos. Por que isso acontece? O que nos atrapalha e nos impede de viver nossa vida da melhor maneira?

A questão se resume a quatro ideais traiçoeiros e inalcançáveis — objetivos impossíveis de serem alcançados: *paixão*, *propósito*, *felicidade* e *equilíbrio*.

Siga sua paixão: o pior conselho do mundo

Você provavelmente ficará surpreso ao descobrir que parte da razão pela qual erramos tantas vezes é simplesmente porque recebemos maus conselhos, desde o início dos tempos: *Siga sua paixão!* Esse conselho — irmão bastardo da tatuagem *Foco! Força! Fé!* — soa legal e, talvez, até fique bonito em letra cursiva. Ele traz uma euforia efêmera... antes de levar a uma decepção.

Como qualquer um que já seguiu a própria paixão dirá, sua paixão vai machucá-lo. Ela vai decepcioná-lo. Vai ser difícil de alcançá-la. Ela vai estripar você — e talvez sua conta bancária. Fazer algo pelo qual você é apaixonado é o Santo Graal e, por todos os meios, vamos chegar lá. Mas a promessa de felicidade, por mais "instagramável" que seja, é efêmera e insuficiente. Seguir sua paixão pode até o colocar na estrada, mas não lhe oferece o mapa.

Em vez de seguir sua paixão, você precisa investir em sua paixão — dedicando seu tempo, seus recursos e seu talento para perseguir os objetivos que estabeleceu para seu próprio plano de vida. Gary Hirshberg, fundador da Stonyfield Farms — uma empresa líder no mercado de iogurte orgânico, que obtém todo seu leite de cooperativas leiteiras locais — não limitou sua paixão a dirigir uma única fazenda. Em vez disso, saltou para o setor empresarial e começou uma campanha orientada por propósitos, construindo seus ideais em uma empresa que defende não apenas iogurte saudável, de origem local, mas a justiça ambiental.[2]

Investir em sua paixão requer uma compreensão daquilo que lhe confere harmonia. Antes de investir em sua paixão, você deve descobrir sua própria mistura de vocação, conexão, contribuição e controle — e aprender como cada um desses elementos é importante para você, individualmente. Abordaremos esses elementos um a um, e consideraremos como alcançar a melhor combinação para você nos próximos capítulos.

A falácia do propósito

Mesmo que consiga escapar da armadilha da paixão, você provavelmente vai passar algum tempo se divertindo com outra velha ideia, que é a queridinha dos centros de carreira universitários: aquela que confunde propósito com *vocação*, não levando em conta os outros três elementos — *conexão, contribuição* e *controle* — que são necessários para que se torne ilimitado.

Quantas vezes você já foi aconselhado a buscar uma vocação mais elevada, a realizar algum serviço em prol de outros, a priorizar o bem maior em relação a suas próprias necessidades ou desejos? *Faça seu trabalho, ganhe seu dinheiro e pratique o voluntariado à parte* é o que muitos aconselham. *Alcance seu propósito fora do trabalho*, dizem. Então, você aprendeu a aceitar um modelo mal orientado, em que o propósito só pode significar serviço para os outros, e seu trabalho diário deve servir principalmente para geração de renda.

A busca de uma causa, e da causa por si só, não é uma panaceia garantida. O trabalho voluntário e sem fins lucrativos não é a única maneira de ter uma vocação e de sentir um propósito. Claro, trabalhar

2. A Stonyfield é responsável por 13,3% do iogurte vendido na América do Norte e doa 10% de seus lucros a causas ambientais. Veja Jim Cornall, "Lactalis Buying Stonyfield from Danone for $875M", Dairy Reporter, 2 de julho de 2017, <https://tinyurl.com/ybq4dkmr>; e "Stonyfield Farm", Big Purpose Big Impact. Acessado em 3 de outubro de 2018, <https://tinyurl.com/y6u8osut>.

para um objetivo importante e significativo — como Josh, que quer ajudar as pessoas a entender e a superar o trauma — pode ser parte de seu propósito. Mas Josh também se certificou de levar em conta como a construção de um negócio poderia ajudá-lo a perseguir seus próprios objetivos pessoais, profissionais e financeiros. Conhecer seu propósito sem levar em conta os quatro elementos de harmonia não o torna ilimitado. Na verdade, faz o contrário.

Sim, pode ser bom tentar salvar as baleias, ou curar o câncer, ou reduzir a fome infantil. Mas aqueles que satisfazem sua busca de propósito apenas com causas tão dignas, muitas vezes, se encontram sofrendo as mesmas frustrações — especialmente quando as baleias continuam morrendo, o câncer continua matando e as crianças continuam indo para a cama com a barriga vazia. Eles têm a mesma sensação de que algo está faltando, e agora provavelmente têm salários mais baixos. Embora tenham um propósito, ainda se sentem vazios.

Isso não significa que você precisa abandonar totalmente o propósito. Na verdade, eu argumentaria exatamente o contrário: que você deve integrar propósito e vocação a seu plano de vida *agora*.

Veja, nós também fomos programados a pensar que o propósito deve esperar. Em 2017, eu estava em uma base militar norte-americana no Japão, esperando para dar uma palestra sobre como as pessoas que estão transitando para fora das Forças Armadas podem encontrar um trabalho significativo. Ouvi me apresentarem como uma "especialista em fins não lucrativos" que entraria no palco e falaria de trabalho sem fins lucrativos como "coisas que as pessoas fazem depois de ganharem dinheiro, e uma boa coisa para se fazer em segundo plano". Como pode imaginar, perdi a cabeça! Eu não estava prestes a falar para uma sala cheia de militares — pessoas orientadas ao serviço — que esperassem anos até prosseguir em sua próxima carreira de propósito, que adiassem a missão de servir até que tivessem feito algum outro trabalho menos significativo antes. Essa ideia precisava ser corrigida o mais rápido possível!

A tenente-coronel aposentada Amy McGrath foi a primeira piloto de caça do sexo feminino do Corpo de Fuzileiros Navais. Ela pilotou em 89 missões de combate no Oriente Médio e voltou para casa para ensinar governança para jovens cadetes da Academia Militar dos EUA. Em função do que enxergou, após as eleições de 2016, como uma falta de liderança na atual estrutura política, ela não esperou que sua carreira de professora terminasse para perseguir mais propósitos. Em vez disso, deixou seu cargo em West Point para concorrer ao Congresso dos EUA.

Militar ou não, esperar é horrível. A hora para encaixar um propósito em seu trabalho não é quando você para de trabalhar, mas assim que descobre o que quer que esse propósito seja.

Qual é a pior coisa sobre a falácia do propósito? É que ela criou uma falsa bandeira, sinalizando que um trabalho só pode ser real se tiver uma boa dose de martírio. Esse pensamento tradicional manda as pessoas para o setor sem fins lucrativos para que se esqueçam dos lucros e salvem o mundo. Afinal, o objetivo deve ser servir a algo maior do que nós mesmos, certo? Então, o setor exige que nós que buscamos uma vida de serviço tenhamos nossos salários, nossos benefícios e nossas regalias cortados. Convencem-nos a nos prostrarmos aos Deuses da Pobreza para nos sentirmos importantes.

Claro, um trabalho significativo pode envolver, e muitas vezes envolve, servir além de si mesmo. Mas conheço muitas pessoas que trabalham em empregos corporativos e que se sentem totalmente inspiradas por seu trabalho. Da mesma forma, conheço pessoas que trabalham em nome de organizações sem fins lucrativos que não sentem a conexão entre suas tarefas diárias e o impacto delas em um chamado superior. Imaginar o autossacrifício na busca por servir ao próximo como o único propósito significativo é o que nos colocou nesta confusão.

Não há nada de errado com o trabalho sem fins lucrativos, se isso realmente for o certo para você. Afinal, passei a maior parte de minha carreira a serviço desse setor e discuto essas opções ao longo deste livro. Mas, quanto mais nos aprofundamos no buraco deste tipo de pensamento binário: *voluntariado é bom, interesse próprio é ruim,* mais nos encontramos equacionando propósito com autossacrifício.

Estou aqui para lhe dizer que isso é bobagem. Nós podemos ter propósito em nossas vidas *e* uma renda sustentável. Podemos fazer bem *e* fazer o bem. Esses conceitos não precisam estar em conflito uns com os outros.

A felicidade como substituta

Como se as exigências de paixão e de propósito não fossem bastante confusas, também confundimos felicidade no trabalho com realização. Supõe-se ser trabalho, não diversão, certo? Então, se somos felizes, isso não significa que conseguimos escapar de alguma coisa — será que encontramos uma brecha?

Nós nos sentimos felizes no trabalho se nos oferecem excelentes benefícios, como almoço e pebolim grátis na área de lazer; se temos um deslocamento diário fácil; ou se nosso melhor amigo trabalha no cubículo ao lado. Essas coisas são boas para a moral, então os gerentes de recursos humanos estão sempre à procura do mais novo e sofisticado benefício a fim de apresentá-lo com a proposta de emprego.

Aqui está o problema: qualquer empresa pode contratar um gerente de RH inteligente, que pode encontrar a próxima grande coisa, seja lavagem a seco gratuita, escritórios *pet-friendly* ou a quarta-feira da ginástica. Essas ações constroem a comunidade, são boas para o recrutamento e parecem empolgantes quando são colocadas como avisos na parte de trás da porta no banheiro. Mas os prazeres simples nunca duram: logo você vai procurar o próximo objeto brilhante e encantador para depositar sua felicidade. E nada é melhor para a retenção do que sentir que o trabalho que você faz realmente importa.

Nós também jogamos nossas expectativas sobre a felicidade doméstica nessa confusão. Presumimos que o trabalho deve ser duro e o lar deve ser fácil. Mas e se a fórmula estiver invertida? E se o sofrimento estiver no lar? Bem, é mais fácil mudar de emprego do que de relacionamento, por isso nos limitamos a ir remendando nosso trabalho. Decidimos que o problema é o emprego quando, muitas vezes, o necessário é uma mudança em casa.

Uma trajetória de vida ilimitada exige congruência entre os dois mundos: o do trabalho e o doméstico; de modo que os valores que você vive em cada mundo se reforcem mutuamente. A felicidade pode ser um subproduto de ser ilimitado, mas ser ilimitado não é um subproduto da felicidade.

A efemeridade do equilíbrio entre o trabalho e a vida

Por fim, nós nos agarramos ao elevado e inalcançável fardo de que, no perfeito estado do nirvana, devemos sempre ser capazes de equilibrar nossa vida profissional e pessoal. Na verdade, eu argumentaria, o próprio fato de nos definirmos de forma diferente em casa e no trabalho, e depois tentarmos equilibrar os dois, significa que não estamos equilibrando absolutamente nada. Ao contrário, estamos colocando um lado de nós mesmos contra o outro e, assim, limitando nossa capacidade de alcançar o equilíbrio em ambos.

Ser ilimitado não vem do equilíbrio — o que é uma sorte, já que obter equilíbrio é, na melhor das hipóteses, sempre fugaz. Em vez disso, vem do alinhamento das energias utilizadas tanto no trabalho quanto na vida, na direção dos mesmos objetivos abrangentes.

A sensação de estar fora do eixo não é consequência de fazer "muita coisa", mas das entrelinhas de se fazer "muita coisa"; da energia mental necessária para mudar de um modo de pensar para outro, no espaço de tempo que leva para se deslocar de casa para o trabalho ou vice-versa, ou de uma reunião com clientes externos para o trabalho interno de criar faturas e vice-versa. Não acredita em mim? Basta considerar a velocidade gasta para mudar o ritmo mental e cardíaco da pessoa que você é no trabalho para a pessoa que você é em casa.

Em vez de procurar o equilíbrio entre dois opostos, esforce-se para se tornar ilimitado, alinhando-se ao longo de um conjunto de padrões que você pode usar em ambas as configurações. Você pode até mesmo descobrir que quanto mais alinhadas estão suas energias e seus valores com seu trabalho diário, mais seu trabalho diário se espalha para outras partes de sua vida. Quando o que você faz no escritório se assemelha a como vive fora dele — e quando não precisa trocar sua pele verdadeira e confortável por um rosto corajoso sempre que o relógio marca nove da manhã ou seis da tarde —, você está começando a ver a harmonia em sua vida. Amigos e colegas de trabalho se fundem em "coligos" (colega + amigo). E nada disso parece trabalho, pois se trata de uma atração magnética que vem de dentro de você: a expressão de quem você é, através do que você faz.

* * * * *

Agora que entende o que é ser ilimitado — e o que não é —, aqui estão minhas perguntas: Como seria, para você, ser ilimitado? O que precisa mudar para chegar lá? E qual será o custo se não o fizer?

Se não sabe, está prestes a descobrir.

Capítulo 2

Questionando os limites

Objetivo. Engajamento. Harmonia. Essas são palavras sublimes que — por muito tempo e por muitas fontes — foram atribuídas apenas a banalidades e objetivos irrealistas. Pode parecer que esses ideais sejam para outras pessoas, em outros momentos, em outros trabalhos. Mas os tempos estão mudando, e as mudanças demográficas estão anunciando um novo amanhecer nas expectativas em torno de como o trabalho deve se encaixar em nossas vidas.

Por isso, podemos agradecer à geração millennial.

Veja bem, eu sei que as notícias diárias parecem culpar os millennials — pessoas nascidas nos anos 1980 e 1990 — por praticamente tudo que dá errado no ambiente de trabalho, mas eles estão forçando um debate sobre o trabalho sem precedentes. À medida que eles se inserem no mercado de trabalho,[3] as atitudes dos funcionários vêm

3. Até 2025, os millennials representarão 75% dos trabalhadores norte-americanos. Debra Donston-Miller, "Workforce 2020: What You Need To Know Now", Forbes, 5 de maio de 2016, <www.forbes. com/sites/workday/2016/05/05/workforce-2020-what-you-need-to-know-now/>.

mudando. A sociedade como um todo está repensando como um emprego deve e não deve ser.

Os avanços tecnológicos que anunciam transparência, velocidade e possibilidade ilimitada têm incentivado os millennials a esperar mais de seu trabalho cada vez mais cedo e a exigir um lugar onde possam contribuir mais. Não estão mais satisfeitos com a manutenção de empregos que sejam separados do resto de suas vidas: eles são ávidos aventureiros que querem trabalhar em empresas com políticas ambientais sólidas; as jovens feministas procuram empresas que promovam intencionalmente o desenvolvimento profissional das mulheres; e as atletas guerreiras de fim de semana buscam escritórios onde as refeições sejam saudáveis e a empresa organize passeios ao ar livre. Esses millennials redefiniram as normas do local de trabalho. Juntos, estão forçando as corporações a desenvolver propostas de emprego mais atraentes.

Mas não apenas os millennials estão forçando mais. Com mais e mais *baby boomers* — os filhos de John F. Kennedy, Robert F. Kennedy e Martin Luther King — perto da aposentadoria,[4] eles estão voltando a suas raízes na justiça social dos anos 1960 e mostrando que se importam novamente. E a geração X não deve ser deixada de fora. Encontrando-se presa entre a educação dos filhos e o cuidado dos pais idosos, ela está à procura de um trabalho que contribua para gerir essas demandas, em vez de agir contra elas.

Em todos os lugares, em todas as idades, as pessoas estão acordando e perguntando: "Isso é tudo?"

Um empurrão multigeracional: por que agora?

Os espectadores do Super Bowl de 2018 viram algo ainda mais surpreendente do que o azarado Philadelphia Eagles derrotando o

4. A partir de 2011, dez mil baby boomers fizeram 65 anos; isso vai continuar até que os mais novos apaguem as velas de aniversário em 2029. Russell Heimlich, "Baby Boomers Retire", Pew Research, 29 de dezembro de 2010, <https://tinyurl.com/y9sjys2s>.

New England Patriots em casa: os anúncios eram diferentes dos anos anteriores. Normalmente engraçados, às vezes até mesmo com partes atrevidas projetadas para promover produtos como cerveja e carros, os anúncios daquele ano apresentaram uma mudança significativa para arcos narrativos sobre o *ethos* das empresas fabricantes dos produtos. Organizações de todo o mundo estavam lutando para serem consideradas como as mais orientadas a valores, apostando na tendência recente dos norte-americanos de se sentirem melhor sobre onde gastavam seu dinheiro. Já ficou para trás a ideia de ter alguém como Paris Hilton comendo um hambúrguer em cima do capô de um conversível: as diretorias das empresas perceberam que a melhor maneira de aumentar o valor das ações era demonstrar preocupação com o meio ambiente, a desigualdade, o acesso à educação, os direitos das mulheres, as famílias e as questões LGBTQ.

Por que isso aconteceu? E por que agora?

Em 2016, os Estados Unidos elegeram um presidente cujo comportamento, discurso e políticas impulsionaram o país para uma crise de valores. Mas também vivemos na era de líderes globais como Justin Trudeau, do Canadá, e Emmanuel Macron, da França (para citar apenas dois), que formam uma onda crescente de políticos mais jovens e antissistema, ansiosos por abandonar o passado. Quando interrogado por que escolheu um gabinete composto cinquenta por cento de mulheres, Trudeau afirmou: "Porque estamos em 2015."[5] Em junho de 2018, o novo primeiro-ministro espanhol Pedro Sánchez preencheu dois terços de seu gabinete com mulheres.[6] Este forte contraste entre estilos de liderança e valores competitivos forçou uma conversa sobre o que representamos como sociedade e sobre o que queremos das oitenta mil horas passadas no trabalho ao longo de uma vida típica.

A necessidade de que nosso trabalho tenha importância está no

5. Frederic Bisson, "Justin Trudeau: Because it's 2015". Vídeo do YouTube, 4 de novembro de 2015, <www.youtube.com/watch?v=LLk2aSBrR6U>.

6. Raphael Minder, "Spain's New Leader Forms Government with Almost Two-Thirds Women", New York Times, 6 de junho de 2018, <https://tinyurl.com/ybv6v92p>.

centro das atenções, sucumbindo ao aumento da pressão dos trabalhadores mais jovens e dos mais velhos. Tornar-se ilimitado significa definir *vocação*, *conexão*, *contribuição* e *controle* de acordo com a relevância de cada um para você, em cada idade e em cada etapa da vida. Isso se manifesta no ambiente de trabalho de diferentes maneiras, para diferentes tipos de trabalhadores. Aqui vão alguns exemplos.

Orgulhando-se do trabalho

Os millennials querem trabalhar para empresas em que acreditam, que os deixem orgulhosos. Na verdade, a esmagadora maioria dos millennials identifica o trabalho com propósito como um fator-chave na escolha entre as múltiplas opções de emprego. Empresas que se concentram em trazer significado ao ambiente de trabalho se beneficiam de um maior engajamento dos trabalhadores, que, uma vez engajados, são muito mais produtivos para as empresas e para as causas a que elas servem.[7]

O orgulho do propósito permite aos líderes motivarem os funcionários; às empresas se conectarem com clientes; e aos trabalhadores entenderem seu papel e sua contribuição para o sistema maior.

Mudando por uma maior conexão

Cada vez mais, profissionais em meio de carreira, que buscam adquirir novas habilidades, estão se transferindo para o setor sem fins lucrativos. Como as organizações sem fins lucrativos simplesmente não têm o luxo de contratar tantos especialistas quanto as empresas do setor corporativo, os "profissionais generalistas" assumem muitas funções e cada colaborador lida com mais responsabilidades. Profissionais corporativos que já foram funcionários de serviços financeiros, por

7. De acordo com um estudo de 2013 da Gallup com 1,4 milhão de funcionários, os trabalhadores contratados são 22 por cento mais produtivos nessas empresas. Susan Sorenson, "How Employee Engagement Drives Growth", Workplace (blog), Gallup.com, 20 de junho de 2013, <www.gallup.com/workplace/236927/employee-engagement-drives-growth.aspx>.

exemplo, podem assumir funções no setor sem fins lucrativos que incluam finanças, operações e administração.

Portanto, ao fazer a transição para uma indústria ou setor diferente, os profissionais de carreira média, muitas vezes, são capazes de se conectar diretamente, por meio de um portfólio de trabalho mais amplo, com as causas a que querem servir.

Experimentando o empreendedorismo

Executivos experientes estão provando ser os melhores empreendedores da economia atual. O empresário médio não é, na verdade, um estudante universitário criando o próximo Facebook, em um dormitório da Ivy League,[8] mas um homem de 39 anos com muita experiência de trabalho.[9] Além disso, os trabalhadores experientes — que se tornaram empresários — têm cinco vezes mais chances de sucesso do que seus colegas mais jovens,[10] em parte porque podem se autofinanciar, mas também porque tiveram tempo para experimentar diferentes caminhos profissionais, papéis e responsabilidades.

Os empreendedores mais velhos sabem melhor que tipo de trabalho traz à tona seus melhores talentos e podem, portanto, ser menos limitados ao impulsionar seus talentos para alcançar o sucesso.

Buscando alinhamento

Profissionais de todas as idades estão em busca de mais alinhamento entre quem são e o que fazem. As culturas corporativas orientadas por

---

8. Nota do Editor: A Ivy League é um grupo formado por oito das universidades mais prestigiadas dos Estados Unidos: Brown, Columbia, Cornell, Dartmouth, Harvard, Princeton, Universidade da Pensilvânia e Yale.
9. Segundo um estudo recente da Fundação Ewing Marion Kauffman. Carmine Gallo, "New Studies Reveal the Ideal Age to Start a Business, and It's Not in Your 20s", Inc.com (14 de fevereiro de 2018), <www.inc.com/carmine-gallo/new-studies-reveal-ideal-ageto-start-a-business-its-not--in-your-twenties.html>.
10. Ibid.

propósito tendem a ter uma perspectiva diferente sobre as métricas que realmente importam, porque permitem que os funcionários tragam todo o seu eu ao trabalho, e não apenas sejam treinados para lidar com a tarefa em mãos. Uma cultura que valoriza o propósito não concede medalhas de martírio a quem trabalha a noite toda ou uma reunião exclusiva com o chefe a quem se destaca, mas foca o que realmente deve contar: o progresso real em direção ao objetivo comum da causa, da comunidade ou da empresa.

Com esse respeito em comum pelos objetivos importantes, vem o entendimento de que passar um tempo fora do escritório não tira, necessariamente, a capacidade de ser bem-sucedido dentro dele. Na verdade, ambientes que estimulam o alinhamento entre trabalho e vida — onde há fluidez entre o amigo/familiar/cidadão que existe fora do trabalho e o funcionário que entra no escritório todo dia — descobrem que seus funcionários tendem a trazer mais de si mesmos a suas tarefas.

Colaboradores que buscam pessoalmente esforços significativos podem descobrir ideias complementares à missão da organização e que melhorem os resultados da empresa. Uma grande ideia gerada porque um colaborador a viu ser colocada em prática durante a reunião de pais e professores ainda é uma grande ideia, mas teria sido perdida se o colaborador fosse impedido de ir a essa reunião, que o fez chegar atrasado ao trabalho na sexta-feira passada.

Todos os dias, as personalidades completas superam as fragmentadas.

Tornando a "aposentadoria" significativa

Os millennials não são os únicos em busca de um trabalho significativo que produz um sentimento de orgulho. Os *baby boomers*, em particular, querem explorar um propósito fora de si mesmos e encontrar sentido no capítulo final de suas vidas profissionais.[11]

11. Em um estudo recente da Universidade de Stanford e da Encore.org, um terço dos norte-americanos com mais de cinquenta anos — cerca de 34 milhões de pessoas — afirmou

Os *baby boomers*, que não estão prontos para colocar suas caixas de ferramentas na prateleira para acumular pó, são comedidos e sábios: eles sabem que suas formidáveis habilidades podem significar uma mudança no jogo. Quando confrontados com mais tempo livre e vidas mais longas do que nunca, esta geração está procurando maneiras de criar uma segunda carreira — remunerada ou não — que se concentre em retribuir à sociedade.

* * * * *

No coração dessas conversas está a necessidade de nossa carreira se encaixar em nosso plano de vida maior. Os indignados, os insatisfeitos e os desiludidos — de todas as idades — querem mais hoje em dia: mais justiça, mais realização, mais satisfação. Vivemos uma época de tumultos e incertezas. Estamos testemunhando e participando de mudanças políticas e sociais sem precedentes, experimentando as dores crescentes que vêm com os avanços tecnológicos revolucionários e enfrentando os desafios que vêm com o aumento da interconectividade em casa e no mundo. Todos os dias, milhões de pessoas acordam sentindo — com uma gravidade sem precedentes — que o trabalho que fazemos precisa ser importante.

Estamos todos buscando harmonia em nossas vidas, mesmo que ainda não tenhamos percebido.

Acredite, vejo isso de novo e de novo. E não falo apenas em rechaçar os limites e encontrar harmonia a partir do ponto de vista dos milhares de líderes sem fins lucrativos, corporativos e governamentais que estudei, recrutei e dirigi ao longo de transformações concretas em suas carreiras. Quando se trata dessas lições, eu mesma já trilhei esse caminho.

---

que estava procurando preencher seu tempo com algum propósito além do seu. A. Colby e J. Emerman, "Kick Back or Live With Purpose? Why Choose?". Encore.org, 22 de maio de 2018, <https://tinyurl.com/y93enymj>.

Como me tornei ilimitada

Aos 25 anos, me peguei na primeira encruzilhada de minha carreira. Eu ocupava um cargo comissionado na Casa Branca e tinha acabado de ajudar a projetar e lançar o programa de serviço voluntário nacional AmeriCorps, cumprindo a promessa da campanha do presidente Bill Clinton de dar aos jovens uma maneira de trocar serviços comunitários por mensalidades universitárias. Atolada até o pescoço com esperança e otimismo, decidi que o melhor uso de minhas conexões — e de minha total falta de habilidades reais de trabalho — era trabalhar em *executive search* (recrutamento e seleção de executivos) do setor sem fins lucrativos, conectando pessoas poderosas e realizadas com carreiras que eu sentia que eram vitais para tornar o mundo melhor.

Então, fiz o que qualquer pessoa idealista levemente arrogante que se preze faria: busquei a melhor empresa do ramo. E, quando me contrataram, fiquei encantada.

Comecei a aprender com as mentes mais brilhantes a realizar uma tarefa um tanto engenhosa: aplicar a ciência à reação instintiva. Aprendi a usar métodos para coletar dados que provavam (ou desmentiam) nossos instintos sobre os pontos fortes e fracos dos candidatos. Aprendi a não me abalar e a dar conselhos inestimáveis a profissionais que geralmente eram muito mais velhos, mais estabelecidos e bem-sucedidos do que eu. Aprendi a fazer avaliações e tirar conclusões com base em algumas horas de entrevistas, e testar essas conclusões ao longo de vinte ou mais horas de entrevistas adicionais, avaliações de desempenho e verificações de referência.

Meus colegas estavam liderando a área. Estavam na vanguarda da *executive search* orientada a causas, definindo como as coisas deveriam ser feitas com uma invejável carteira de clientes das marcas mais respeitadas do terceiro setor e do ramo educacional. Estávamos trabalhando para fazer do mundo um lugar melhor.

Mas isso não estava funcionando para mim. Faltava alguma coisa.

O(s) elo(s) faltante(s)

Como discutido no capítulo 1, o primeiro passo é determinar quanto valor você dá a cada um dos quatro elementos: *vocação*, *conexão*, *contribuição* e *controle*. Para cada um de nós, os pesos atribuídos vão variar, deixando-nos com um equilíbrio particular, geralmente definido (até certo grau) por idade e estágio de vida.

Naquele momento da minha jovem carreira, eu definitivamente tinha *vocação*: eu estava servindo a este propósito maior ao qual tinha atribuído um valor primordial. Eu estava fazendo do mundo um lugar melhor.

E tive *contribuição* — vivendo meus valores pelo meu trabalho, aprendendo em ritmo acelerado com os melhores e mais brilhantes profissionais, expandindo meu conhecimento tão rápido quanto meu network, e até o salário era decente (finalmente).

Mas eu não estava em harmonia.

Eu ainda era bastante jovem e fui designada para uma posição que não me permitia participar das reuniões de estratégia da equipe sênior. Para ser clara, eu era a mais baixa das baixas: vice-presidente sênior de sorrisos e discagem. Meu trabalho implicava pegar o telefone, ligar e chamar algum nome bem conhecido — normalmente alguém que voava alto, radicalmente intimidante. Eu tentava fazer essa pessoa abrir seu arquivo e indicar amigos e colegas para as seleções que estávamos fazendo em nome de nossos clientes. Mas não se enganem: uma abelha-operária de cubículo hiperidealista ainda é uma abelha-operária de cubículo.

Enquanto eu estava ansiosa por exposição e faminta por novos desafios, o fato de me escolherem para viajar para reuniões com clientes não favoreceu o resultado da empresa, por isso, raramente pude ver meu trabalho de bastidores ser posto em ação. Afinal, com minha experiência limitada, não fui capaz de dar uma grande visão ao cliente e, em minha tenra idade, não passei uma impressão de brilhantismo à equipe de viagem. Na maioria das vezes, eu ainda usava as roupas de escritório da minha mãe, dos anos 1980 (com ombreiras!)

Então, eu não tinha nenhuma *conexão*.

Além disso, eu não tinha nenhuma palavra a dizer sobre os projetos que caíam — ou não — no meu colo. Meu papel era aceitar quaisquer tarefas que a equipe de gestão considerasse o melhor uso do meu tempo, independentemente de quão inspirada eu estivesse sobre um determinado cliente ou quanta energia fresca, networking ou conhecimento eu pudesse trazer ao projeto. Eu não era capaz de me defender por mim mesma, de ser colocada nas tarefas que me fariam ser notada na hora de recompensar os colaboradores com promoções. Às vezes, eu era a pessoa certa para o trabalho, mas, com frequência, era apenas o corpo mais próximo com disponibilidade para um novo trabalho.

Então, eu não tinha *controle*.

Apesar de entender que lucros e perdas ditavam essas decisões, comecei a sentir que minha posição estava me impedindo de contribuir com meu melhor trabalho e de alcançar meu potencial máximo. Comecei a desenvolver um sentimento incômodo de que o trabalho poderia ser feito melhor e mais rápido — com mais autenticidade, integridade, flexibilidade e transparência — não só para mim, mas também para nossos clientes.

Minhas dúvidas sobre *executive search* cresciam, mas eu estava trabalhando com "os melhores do ramo", então resolvi apenas cumprir minhas obrigações. *Você é jovem ainda*, pensei. *Vai se sentir melhor quando subir os degraus na empresa.* Com o passar do tempo, comecei a subir, no entanto, não consegui me livrar da sensação de que aquele ambiente não me permitiria fazer o trabalho que deveria para os tipos de clientes a quem eu queria servir.

Em última análise, essa falta de harmonia me limitou. E como eu descobriria na próxima etapa de minha carreira, eu me importava menos com maximizar o resultado financeiro e mais com maximizar o impacto que eu tinha no mundo — enquanto também maximizava a flexibilidade que queria manter, na medida em que aumentava minha família e continuava meu envolvimento comunitário e político. Minha nova medida do sucesso provocou olhares desconfiados naqueles que estão na melhor empresa do ramo: ganhar dinheiro suficiente, mas fazê-lo de uma forma que funcionasse para mim, para minha equipe, para nossos clientes e para nossas famílias.

Uma nova abordagem de valor

Eu ainda adorava o trabalho de *executive search*, mas me sentia cerceada pelo ambiente de trabalho da empresa tradicional. Para me posicionar e explorar novas abordagens de meu setor — para mudar as regras do jogo —, eu sabia que tinha que aprender mais sobre *o porquê* de as empresas de *executive search* trabalharem da maneira como trabalhavam. E foi isto o que descobri: o trabalho era completamente arbitrário.

Tradicionalmente, as empresas de *executive search* ganham uma comissão de um terço da remuneração em dinheiro do primeiro ano do candidato. Assim, um executivo-chefe de uma fundação que estava disposto a ganhar trezentos mil dólares por ano geraria cem mil dólares em comissão para a empresa, enquanto a posição de serviços humanos, de noventa mil dólares, só garantiria trinta mil dólares. *Ipso facto*, nem todos os clientes eram tratados ou avaliados igualmente. E depois havia a garantia: se o candidato saísse por qualquer razão antes de 365 dias de trabalho, a empresa refazia o serviço de graça.

Embora houvesse algumas diferenças na complexidade do trabalho — cargos públicos geralmente exigiam comitês de busca maiores, mais atentos e profundos, e verificações mais extensas — as taxas mais altas não eram grandes o suficiente em escala para merecer tal inflação. Além disso, sempre achei muito mais fácil recrutar para um cargo filantrópico extravagante do que para um emprego de advocacia contra a violência doméstica ou para os sem-teto. Os cargos maiores pagavam melhor, tinham mais funcionários e benefícios, estavam em escritórios mais bonitos, em bairros elegantes e vinham com toda uma carga de valor de carreira de longo prazo para os candidatos.

Esse modelo de negócio perversamente incentivou muitos a priorizarem os clientes maiores e mais fáceis em relação àqueles que precisavam desesperadamente de nossa ajuda e para os quais os dólares gastos eram um empecilho maior. Para piorar ainda mais a situação, quanto mais trabalhávamos, mais serviços a empresa conseguia, então eu me sentia pressionada a assumir muito, o que significava espremer aquelas seleções com taxas menores em meus últimos cinco por cento de tempo e atenção na maioria dos dias. Em resumo, me pareceu que a perspectiva da empresa era *lucro primeiro, impacto depois*. Isso simplesmente não estava de acordo com o que me atraiu para o trabalho em primeiro lugar: conectar profissionais qualificados e orientados à missão com o trabalho certo, sem fins lucrativos, para que pudessem ajudar a salvar o mundo.

Nossos clientes eram todos de organizações sem fins lucrativos, compartilhávamos a mesma visão de mundo, o mesmo desejo de fazer do mundo um lugar melhor. E, ainda assim, como qualquer um que trabalhasse servindo a dois mestres, eu sentia constantemente que minha posição era estar do lado oposto ao do cliente sem fins lucrativos, com a declaração de lucros e perdas de nossa empresa silenciosamente mergulhada entre nós, dividindo nossa lealdade. Tínhamos que atender ao cliente, mas também ao escritório. Nossos clientes estavam combatendo o analfabetismo infantil, o câncer e o aquecimento global — e aqui estávamos nós, às vezes, lutando contra eles. Eu queria estar *ao lado deles*, assim seríamos nós e eles contra o câncer. Eu queria ajudar nossos clientes a alcançar uma missão que compartilhávamos usando a maior habilidade que tinha: encontrar os melhores talentos disponíveis.

Em vez disso, esse modelo de negócio nos impulsionou a apresentar candidatos mais tradicionais, fazer apostas mais seguras e investir menos em escolhas ousadas. Por exemplo, no final dos anos 1990, isso significava que não estávamos pressionados por tantas mulheres e pessoas negras porque simplesmente não havia tantos candidatos no canal de talentos que tivessem os vinte anos de experiência que tradicionalmente se esperava que presidentes e CEOs tivessem. Temíamos que "o primeiro" de qualquer tipo fosse rejeitado por uma cultura que não soubesse absorver e aproveitar a diversidade.

Eu sabia que a empresa nunca tivera a intenção de acabar nessa posição. Ela tinha um histórico de colocar candidatos que agregavam diversidade, mas isso ainda estava dentro dos limites de risco cuidadosamente contidos da "segurança" da Ivy League. Talvez nenhum dos outros funcionários tenha sentido o que eu senti, mas isso não fazia nexo para mim. Fazíamos um ótimo trabalho. E um trabalho seguro. E isso custou muito caro a nossos clientes, quando parte desse dinheiro poderia (na minha opinião) ter sido mais bem aproveitada em suas causas importantes. Eles mereciam mais.

Eu também merecia mais. Mas foi preciso a última gota — o nascimento do meu primeiro filho — para finalmente me incentivar a fazer o que fiz depois: fundar uma empresa que servisse tanto aos meus clientes quanto à minha equipe (e a mim) igualmente.

Libertada da rotina de perseguir a tradicional demonstração de resultados, consegui contratar trabalhadores não tradicionais fora da norma que exigia trabalho presencial em tempo integral. Aprendi a gerenciá-los, não com base no tempo gasto "no escritório", mas no produto de trabalho efetivamente entregue. A partir da minha sala de estar, com um bebê de seis semanas a meu lado, contratei jovens mães, cônjuges estrangeiros, estudantes de meio período e, sim, consultores de *executive search* experientes da minha antiga empresa — tantos, na verdade, que o presidente dela me chamou um dia e me pediu para parar de roubar seu pessoal.

Mas aqui está a diferença: eu nunca fiz um único contato para recrutar alguém da minha antiga empresa. Eles vieram a nós — depois que montamos nossa própria proposta de emprego centrada em (você adivinhou!) harmonia.

Redefinindo o sucesso

Como sabíamos que queríamos maximizar o *impacto* em vez do lucro, tínhamos de gerir nosso negócio de forma diferente. Reduzimos as despesas gerais, desfazendo do que fosse necessário para proporcionar uma busca excepcional para nossos clientes. Decidimos fazer algo radical: cobrar de nossos clientes não um percentual arbitrário do salário para o cargo a ser preenchido, mas de acordo com a complexidade da busca e a quantidade de trabalho necessário para realizá-la. Parece o puro e velho senso comum, certo?

Dei à minha equipe, que trabalhava por hora, a flexibilidade de fazer o máximo ou o mínimo de trabalho que quisesse e pudesse fazer, e de trabalhar de casa, se assim o desejasse. Isso lhe deu controle sobre seu próprio potencial de ganho e trajetória de crescimento profissional, de uma forma que fazia sentido para cada um. Eles recebiam a mesma taxa para cada projeto. E os clientes pagavam pelo custo de nossa mão de obra, em vez de comissões que subiam ou desciam com base no salário (que negociávamos) para o cargo que preenchíamos.

Com esse modelo inovador, simultaneamente nivelamos o terreno para nossos clientes e incentivamos nossa equipe a fazer um bom trabalho, ponto final. Isso gerou mais rendimento no trabalho, e, durante os primeiros dez anos, nosso escritório cresceu a uma taxa de quase cem por cento ao ano.

Cada um de nós, na folha de pagamento, ganhou mais dinheiro do que havia ganhado em trabalhos similares nos empregos tradicionais dos quais tínhamos saído (*contribuição*). Além disso, conseguimos trabalhar nos projetos que nos interessavam e trabalhávamos do conforto de nossas casas, com flexibilidade sobre o quanto e quando nos responsabilizávamos (*controle*). Conseguimos abrir a cortina e mostrar a nossos clientes como fizemos a magia; na barganha, isso os ajudou a se sentirem confortáveis, fazendo escolhas mais arrojadas (*conexão*). Fortalecemos o setor, construímos nossas reputações e promovemos nossas carreiras em um campo que era importante para nós e para causas que nos eram significativas (*vocação*).

Vendi essa empresa, em 2016, para os membros da equipe que me ajudaram a construí-la. Durante os quinze anos em que a dirigi, aprendi muitas coisas — tanto com aqueles dentro da minha empresa quanto com os milhares de líderes que entrevistamos. A principal foi a seguinte: trabalhadores com consciência sabem o que é importante para eles e são mais eficazes, mais eficientes e mais engajados a longo prazo. Eles são ilimitados.

Cada um de nós define isso, de forma diferente, em momentos diferentes de nossas carreiras. Eu tinha que descobrir o que importava para meus clientes e para meu pessoal. Eu tinha que descobrir o que importava para mim.

Agora, é hora de descobrir o que é importante para *você*.

Capítulo 3

Medindo o que importa

Comecemos do princípio, isto é, pela manhã. Seu alarme soa e o desperta do sono. Quais são seus primeiros pensamentos? Como você encara o dia? Você pula da cama para fazê-lo valer a pena, entusiasmado para enfrentar os desafios à frente, para extrair o tutano da vida, sabendo muito bem como seu esforço tece cada fio na grande tapeçaria que impacta o mundo? Ou você geme, aperta o botão da soneca, rola e fecha os olhos novamente, fantasiando trabalhar, basicamente, em qualquer outro lugar e fazendo qualquer outra coisa no mundo?

Talvez você não seja tão alegre a ponto de levantar-se pulando da cama. Mas se seu comportamento se assemelha aos gemidos e resmungos enquanto puxa a coberta, você tem trabalho a fazer.

Deixe-me ser bem clara aqui: não há uma resposta perfeita. O modo como você prioriza cada um dos quatro elementos de harmonia criará uma combinação que não se parece com a de ninguém, a não ser a sua, e é isso que fará com que seja certa para você. E é por isso que o fará alguém ilimitado.

Como um DJ em uma mesa de som, você pode controlar os níveis de cada elemento de harmonia, resultando no som que mais o agrada. O *hip-hop* requer mais graves e menos agudos do que o *jazz*: músicas diferentes se adéquam melhor a pessoas diferentes. Você precisa encontrar a combinação certa para quem é agora e, mais tarde, para a pessoa que terá se tornado ao longo de sua carreira e de sua vida. E você não vai descobrir isso até parar de pedir aos amantes do *jazz* para avaliarem seu desempenho no *hip-hop*.

Acredite em mim, eu sei. Porque apesar do eventual sucesso da minha empresa, eu ainda tinha alguns incômodos que me limitavam. Tudo isso começou porque eu estava usando a tabela de resultados errada.

A tabela de resultados errada

Durante muito tempo, medimos o que importava usando uma lista desatualizada de itens genéricos para assinalar. Essa lista nos levava a tomar decisões sobre um trabalho em potencial com base em métricas limitadas pela economia do passado e por gerações anteriores. Usar referências que medem o trabalho antes de usar referências que medem *nossos próprios interesses* é precisamente o motivo pelo qual nos enterramos debaixo das cobertas e apertamos o modo soneca de manhã. Quando escolhemos apenas o que nos é oferecido, mesmo que seja a melhor opção, não conseguimos abrir um caminho baseado no que realmente queremos. Desde o início, aceitamos que deve haver limites — e acabamos nos perguntando por que nos sentimos cercados por esses limites.

Quando a empresa que fundei tinha cinco anos, me reuni com um coach de negócios. As coisas estavam indo bem, mas eu sabia que com a ajuda certa poderíamos tornar a empresa ainda maior e melhor. Sempre buscando mais, eu trouxe uma série de planilhas e planos estratégicos de marketing para a reunião, procurando apresentá-los. Mas, para meu desgosto, o coach não olhou para um único documento. Em vez disso, ele me fez uma pergunta aparentemente inocente: "Como você se paga?"

Não tenho vergonha de dizer que lhe dei uma resposta terrível. Eu estava fazendo o habitual para uma empresária iniciante: pagava a mim mesma o que sobrava no final do mês. Alguns meses, comia bife, em outros, miojo. Eu pagava meu pessoal, minhas despesas, investia de volta na empresa o que era necessário; de modo conservador, guardava um pouco para emergências e depois pagava a mim mesma o que sobrava. Contei tudo isso a meu coach, orgulhosa do fato de que eu estava indo muito bem.

Ele olhou para mim e disse para eu parar de ser idiota.

Ai.

E depois, me passou o dever de casa.

Atualizando as métricas de sucesso

A recomendação do coach de negócios me pareceu simples o suficiente: escrever uma lista de objetivos relacionados ao tipo de vida que eu queria viver. Acontece que isso não foi nada simples. O que ele queria ouvir não era apenas que eu sonhava em ter "um negócio de sucesso", "uma vida doméstica feliz" e "uma carreira gratificante". Em vez disso, ele queria que eu definisse o que cada uma dessas coisas significava para mim.

Quando eu disse que queria viajar pelo mundo, ele me perguntou como seriam os hotéis e se eu ficaria satisfeita em ir de ônibus. Quando eu disse que queria que minha vida em casa fosse harmoniosa, ele perguntou se isso significava flexibilidade para sair do trabalho quando eu quisesse para poder assistir aos recitais de música dos meus filhos e aos últimos torneios de *frisbee*. Quando eu disse que queria uma carreira satisfatória, ele perguntou como eu saberia se já estava realizada e como eu estava definindo *minha carreira*.

O que o coach de negócios estava me pedindo era descrever para ele *por que* eu estava fazendo o que estava fazendo. Ele queria que eu deixasse de lado as definições tradicionais de *sucesso*. Ele estava me guiando para descobrir quais itens eu realmente queria assinalar como alcançados e não me deixar ficar satisfeita apenas por exibir alternativas de sucesso marcadas.

Eu tinha pensado em termos que são familiares para a maioria de nós ao longo de nossas vidas profissionais; termos que usamos para avaliar o valor de um trabalho: sua missão ou objetivo; as oportunidades de liderança, desafio e impacto; quais novas habilidades ou prestígio um trabalho pode trazer; e as recompensas financeiras ou outras recompensas pessoais que esperamos que um trabalho proporcione. Esses termos, explicou ele, são muito gerais, muito amplos, muito universais. Em vez disso, ele queria que eu descobrisse que emprego ou cenário de trabalho produziria o equilíbrio certo *para mim*, usando as medidas que *me interessavam*.

Embora eu ainda não tivesse percebido, o que ele estava me pedindo para fazer era traduzir o valor potencial do trabalho, isto é, não apenas como era classificado no mercado, mas medido em relação às minhas próprias necessidades pessoais — as métricas que mais tarde eu destilaria nos "quatro elementos de harmonia": *vocação*, *conexão*, *contribuição* e *controle*.

O exercício me ajudou a perceber que eu precisava descobrir como salvar o mundo por meio da minha árvore de talentos (*Eu me importo!*), ao mesmo tempo em que construía um negócio que daria lucro o suficiente para viajar de primeira classe (*Eu também sou uma princesa!*). Como eu poderia assinalar as duas opções quando cada uma exigia compromisso total — quando cada conjunto de metas opostas estava cheio de julgamentos sobre minhas atividades em busca da outra? Eu não achei que pudesse.

Forçada a responder a essas perguntas, no entanto, descobri que estava fazendo meus negócios por fazer, avançando com ímpeto e objetivos, mas sem nenhum propósito específico. Eu tinha *conexão* com a forma como meu trabalho estava moldando a empresa que havia iniciado. Eu tinha *controle* sobre quem contratávamos e quais clientes faziam parte de nosso portfólio. Eu gostava de me aprofundar e resolver problemas em parceria com nossos clientes, todos sem fins lucrativos, que me permitiam usar o chapéu branco do desinteresse pelos lucros, enquanto ajudava a salvar o mundo, mesmo que isso ainda não me permitisse ir de primeira classe. Mas eu ainda estava me comportando como um *hamster* em uma roda, correndo cada vez mais rápido, tentando atender mais clientes e gerenciar mais funcionários.

Minha empresa continuou a crescer a passos largos, mas nossa margem de lucro só engatinhou. Minha frustração estava aumentando. Estávamos trabalhando muito mais, mas nossa renda não escalava junto com nosso impacto. Eu estava limitada por aquela velha tabela de resultados. Quando tentei resolver o problema, continuei voltando para a velha versão do sucesso que me fazia crer que tudo ia bem. Mas eu não conseguia encontrar a solução, porque não conseguia ver o verdadeiro problema.

Só quando parei para considerar a *contribuição* que eu esperava que esse trabalho desse à vida que eu queria viver — mais flexibilidade para me envolver na comunidade e na família, mais dinheiro para aqueles assentos chiques de avião e mais uma forma de viver os valores que eu tanto apreciava no mundo que queria criar — é que consegui deixar a empresa de uma forma que completou meu ideal de propósito.

Para mim, isso significou não tentar mais ser tudo para todas as pessoas, então eu trouxe um parceiro de negócios que poderia fazer a gestão interna e desenvolver a equipe — o que não era meu forte. Isso me libertou para ser o rosto de nossa equipe e dos partidários de nossa ousada nova forma de recrutar executivos, que era o que eu fazia de melhor e achava mais divertido. Após aprender a interpretar a velha maneira de medir o valor de um trabalho a partir da nova maneira de determinar o que me proporcionava harmonia, escapei dos limites que me inibiam. Ao fazer isso, consegui prosperar.

Revitalizando os oito fatores motivacionais

No ensino médio e na universidade, os orientadores estavam lá para nos ajudar a traçar um futuro caminho educacional com base nas escolhas de carreira que eram esperadas tanto por nossos pais, professores e amigos quanto pelos potenciais empregadores. Você estudou suas opções e depois avaliou cada oportunidade de trabalho, escolhendo a partir de um questionário de múltipla escolha, que servia para orientá-lo.

Mas, no fim das contas, aquele questionário era limitador.

Essas métricas provavelmente incluíram os oito fatores motivacionais a seguir, que se destinam a ajudá-lo a avaliar o valor específico de seu primeiro emprego. E, quer você saiba ou não, essas oito medidas provavelmente influenciaram seu pensamento sobre cada trabalho que teve desde então.

- *Missão:* qual é o objetivo da organização, do departamento ou do trabalho? Você tem paixão pelo trabalho ou pela causa da empresa? Isso é importante para você pessoalmente?

- *Liderança:* você é inspirado por seus responsáveis? É encorajado, motivado e aplaudido pelos que estão no topo? Você respeita e anseia ser ensinado pela liderança da empresa?

- *Desafio:* o trabalho em questão é algo que lhe interessa? Você sente que o trabalho representa algo maior do que apenas você? Será que isso o obriga a se dedicar e ser seu melhor "eu"?

- *Escopo do impacto:* seu trabalho é importante? Fará diferença? Quanto, quão amplo e profundo será o escopo de seu impacto?

- *Aquisição de novas competências:* você precisa melhorar seu padrão para ter sucesso nesse trabalho? Você vai aprender novas habilidades? Essas habilidades beneficiarão diretamente seu futuro?

- *Prestígio:* a reputação da empresa ou marca é algo de que você pode se orgulhar? Você fica feliz ao falar sobre seu trabalho em público e com a família e amigos? O trabalho o faz se sentir bem? Vai ficar bem em seu currículo?

- *Necessidades pessoais:* o trabalho lhe permite fazer ajustes para preocupações adicionais em sua vida, como pais doentes ou crianças pequenas? Você tem um trabalho paralelo que força necessidades distintas de programação, como consultoria ou ensino, um *hobby* querido, um arranjo de custódia ou uma deficiência ou obstáculo pessoal? Está procurando um emprego que ofereça flexibilidade, benefícios ou considerações geográficas que diferem da norma?

- *Dinheiro:* e depois, é claro, há o dinheiro. Para alguns, é a questão número um. Para muitos, no entanto, é a questão secundária em relação a outras prioridades. Quanto precisa ganhar? Quanto quer ganhar?

Agora, não me entenda mal: essas oito métricas são úteis, mas fornecem uma imagem incompleta. Elas estão flutuando no espaço, desvinculadas daquilo que importa para *você*.

A verdade é que cada pessoa vê essas referências de forma diferente.

Para alguns, na ascensão da carreira, o prestígio da marca, a aquisição de novas habilidades e o alcance do impacto serão mais importantes do que a missão ou o dinheiro. Para outros, talvez o equilíbrio entre exigências familiares, dinheiro e necessidades pessoais, como a flexibilidade, seja fundamental. Em todos os casos, essas referências continuam importando, mas não fornecem o cenário geral. E quando nos atemos somente a elas, confundimos o preenchimento das opções do questionário, por estarmos jogando fora nossos limites.

Veja, por exemplo, o dinheiro. Quanto você *precisa* obter e quanto você *quer* obter são representados por dois números diferentes. Você precisa encontrar o primeiro número, afinal, ganhar dinheiro suficiente para sobreviver é o mínimo para todos. Mas você pode pesar o valor dos outros sete fatores motivacionais à medida que alcança o segundo número — ou se compromete com ele. Em vez de pensar em medir o trabalho (*Quanto ele paga?*), você deve medir a si mesmo e seus desejos únicos (*Que tipo de estilo de vida quero viver?*). Dessa forma, pode determinar como esse trabalho em particular contribui para sua definição pessoal de sucesso.

Agora, vamos pensar em outro valor que pode ser importante para você: o prestígio ou o valor da marca e da empresa. Isso envolve como o nome da empresa vai ficar em seu currículo — o que ele vai dizer sobre você e o tipo de pessoa que você é, o que comunicará sobre o treinamento que recebeu ou a prestação de contas a que foi submetido. Dependendo do negócio ou campo, trabalhar para uma determinada empresa provavelmente terá um grande impacto em sua trajetória profissional futura. Em outras palavras, aceitar um emprego menor, em uma empresa que está no topo de sua área, pode contribuir com maior valor de marca para sua carreira futura do que aceitar um emprego de alto nível em uma empresa com má reputação. Se isso é importante para você, então deve colocar o prestígio em primeiro lugar.

Pensar nesses oito fatores motivacionais é um exercício que pode ajudá-lo a classificar os valores de referência que são importantes para você. Suas respostas vão refletir sua idade e o estágio atual de sua vida, em particular. E aqui está a grande notícia: não há resposta errada.

Descobrindo uma necessidade mais profunda

Se você está balançando a cabeça, percebendo que por muito tempo não pensou o suficiente em sua carreira, não se sinta mal. Dada minha carreira em *executive search*, sou supostamente a especialista, e ainda assim levei algum tempo para descobrir isso também.

Enquanto eu estava sorrindo e discando, chamando friamente os candidatos e recrutando-os a partir do nada, confiava no velho questionário com estes oito fatores motivacionais — missão, liderança, desafio, alcance do impacto, aquisição de novas habilidades, prestígio, necessidades pessoais e dinheiro — como sinalização ao longo de um roteiro: se houvesse interesse em uma ou duas dessas métricas, eu sabia que haveria uma segunda conversa. Se houvesse interesse em três ou quatro, sabia que a isca estava no anzol. E mais do que cinco significava que o candidato estava praticamente no barco.

Uma vez que eu descobria o que precisava, formar os grupos de candidatos era como pescar num barril. Mas então notei algo mais acontecendo: meus grupos de candidatos, embora grandes em número e potencial, desfaziam-se lentamente à medida que o processo seletivo se arrastava ao longo de três a quatro meses. Um grupo começava grande e diminuía conforme os clientes desistiam do recrutamento por uma série de motivos. Todos esses fatores motivacionais continuaram sendo importantes — contudo, por mais que eu tentasse, nunca consegui que meu banco recebesse carma positivo como forma de pagamento de hipoteca. Mas o que importava, mais do que a quantidade de dinheiro oferecido, era *o que o dinheiro significava para o candidato e para a vida que ele ou ela estava construindo.*

Até descobrir o verdadeiro valor do dinheiro, da liderança, da missão e assim por diante — isto é, o valor atribuído por aquele candidato em particular —, eu estava simplesmente assinalando as opções. E isso não deu certo.

Eu estava tentando vender um produto — o emprego — para pessoas que não estavam necessariamente no mercado. Eu os chamava porque tinham sucesso no que faziam, e esse sucesso os tornava atraentes para meu cliente, o empregador. Estava pedindo para darem a cara a tapa, para uma oportunidade que nem sabiam que existia até atenderem ao telefone. E, em vez de uma proposta de valor que fosse significativa para a pessoa do outro lado da linha, eu estava munida apenas de opções genéricas.

Quando percebi isso, soube que a única maneira de me aninhar na imaginação dos candidatos, inspirá-los e realmente influenciá-los a se preocuparem com a nova posição potencial era correlacionar com uma necessidade mais profunda. Tive que lhes mostrar que estavam limitados pela forma como interpretavam essas métricas. Então, eles se viam ilimitados no novo emprego que eu oferecia.

Esse emprego que eu lhes oferecia não era uma simples questão de dinheiro, de prestígio da marca ou de aquisição de novas habilidades. Era sobre o modo como a renda poderia contribuir para a vida que a pessoa queria ter, como o valor da marca poderia contribuir para o desenvolvimento de sua carreira e como o maior conjunto de ferramentas adquiridas nessa nova posição os ajudaria a acelerar a trajetória escolhida. Assim, para falar dos valores e das necessidades do candidato individual para um determinado cargo, eu tinha que ir mais fundo.

Mas isso não foi tudo. Dependendo do indivíduo, eu poderia pegar cada um desses oito fatores — cada um dos valores preciosos para a pessoa, que eu havia escavado a fundo para descobrir — e ampliá-los em uma conversa maior sobre harmonia. Para as pessoas que valorizavam a *conexão*, eu poderia falar sobre as vantagens oferecidas pela forte liderança da empresa ou sobre os desafios que o emprego representava. Para aqueles que precisavam de um senso mais profundo de *vocação*, ia direto para a missão inovadora da empresa ou para o amplo impacto que vinha com o cargo. Pude discutir a *contribuição* não só a partir do pacote salarial e de benefícios, mas também por meio dos valores que a empresa manifestava no trabalho. Pude falar, ainda, sobre *controle,* contando histórias de outros funcionários que haviam buscado e alcançado influência, flexibilidade e promoções semelhantes.

Meu coach de negócios estava correto. Encontrar o trabalho certo não se trata de verificar opções em uma lista de valores, medidas e escolhas feitas ao longo do tempo. Trata-se de como essa lista nos fornece uma maneira de medir a própria harmonia para entender se o trabalho que fazemos é importante para nós. Trata-se de usar essa lista para remover os limites colocados em nós pelas expectativas de terceiros.

Quando entendi isso, minha taxa de fechamento subiu muito. Os candidatos tinham um motivo para estar em busca de um trabalho que lhes interessava. Eles tinham uma razão para passarem pelo longo e exigente processo seletivo. Podiam ver como este produto que eu vendia — o trabalho — estava em harmonia com seu próprio plano de vida. Eles podiam sentir os limites sendo retirados deles, enquanto se imaginavam na posição almejada. Fazia sentido.

E assim que entender o que essas medidas significam, elas começarão a fazer sentido *para* você também.

PARTE DOIS

OS QUATRO ELEMENTOS DA HARMONIA

Capítulo 4

Vocação

Como estudante de uma universidade episcopal, Lonsdale Koester achava que tinha a vocação para se tornar freira. Família, professores e amigos a apoiavam e encorajavam, mas, ao longo do caminho para sua futura carreira, ela enfrentou várias barreiras: do pensamento ultrapassado à burocracia da Igreja. Alguns anos depois, ela atuava em um trabalho sem fins lucrativos em Washington, D.C. e ainda teimava em entrar para o processo de ordenação. Um dia, um membro leigo da direção de sua igreja a levou para almoçar em um restaurante de comida mexicana e disse palavras que ela nunca mais esqueceria: "Você não precisa ser freira para atuar na Igreja."

Esse momento foi de explodir a cabeça, mudar a trajetória, afirmar os valores da vida, e provavelmente a primeira e única epifania sóbria já experimentada naquele restaurante.

Em vez de seguir a vocação para a Igreja, Lonsdale seguiu sua vocação secular de fazer a diferença no mundo e buscou um mestrado em políticas públicas, focado em gestão de desempenho. Na época, George W. Bush estava na Casa Branca, e, apesar de discordar da maioria de suas políticas republicanas, Lonsdale foi atraída para o escritório de iniciativas baseadas na fé apoiadas pelo presidente Bush. Ela queria saber mais sobre o impacto positivo que poderia ser obtido por meio de alianças entre as organizações religiosas e o governo.

Após a formatura, Lonsdale começou a se voluntariar e arrecadar dinheiro para a campanha de Deval Patrick, um democrata que concorria ao cargo de governador de Massachusetts. Seu coração foi atraído pela história pessoal dele e por sua paixão em criar equidade de oportunidades para todos, especialmente àqueles que estão à margem da sociedade. Ela se sentiu atraída pela forma como Patrick se cercou de pessoas abertas a descobrir, curiosas, interessadas em aprender coisas novas. Viu-se no meio da campanha e, mais tarde, depois que Patrick venceu, continuou servindo em sua administração e acabou dirigindo um sistema de gestão de desempenho para o estado.

A política e as políticas públicas podem estar muito longe do sacerdócio, mas, sob a perspectiva de fazer a diferença no mundo e viver seus valores, Lonsdale incontestavelmente encontrou sua vocação.

O que é vocação?

O uso mais óbvio e mais frequente do termo *vocação* é na forma tradicional religiosa, relacionada à ausência de fins lucrativos ou a favor de alguma causa. É verdade que trabalhar por uma causa maior do que nós mesmos pode trazer um grande significado a nosso trabalho. Nós nos sentimos bem quando fazemos coisas pelos outros, e independentemente de essa causa ser íntima (como ajudar aqueles de sua própria comunidade) ou anônima (como financiar vacinas em países do terceiro mundo), ela vem com uma recompensa cármica. Saber que você é parte e parcela de fazer do mundo um lugar melhor pode ser uma peça vital de sua vocação.

No entanto, esta é apenas uma das muitas interpretações de vocação. Ela não precisa fazer parte da equação total do mundo. Na verdade, para algumas pessoas, isso pode até ser prejudicial à busca por propósito, pois os sacrifícios que fazem para servir — sua disposição em aceitar um salário menor, menos benefícios e menos flexibilidade — as tornam menos conectadas, menos contributivas, menos controladas do que estariam de outra forma. Você pode lutar com unhas e dentes pela sua causa o dia todo, mas, às vezes, ainda se sente apenas como um grão de poeira no ar. Limitar seu conceito de vocação ao sentido religioso ou caridoso da palavra pode ser, no mínimo, frustrante.

Isso pode parecer irônico, já que passei minha carreira a serviço do mundo sem fins lucrativos, incentivando pessoas a subir na carreira. No entanto, considero problemática essa interpretação restrita de vocação. Não só é incompleta, como também impede que as pessoas procurem harmonia em todas as etapas de suas carreiras. Em vez disso, assumem que seguir sua vocação simplesmente não é para elas — ou, pelo menos, não até o futuro, quando se aposentarem.

Pergunte-se: por que a sua vocação tem que ser uma vocação superior? Por que não pode ser simplesmente a coisa mais abrangente que guia as decisões que envolvem sua carreira? Você não pode ter propósito se está construindo uma empresa, uma comunidade, uma família? Isso não é o suficiente?

Uma definição limitada de vocação

Você se lembra daquela empresa de *executive search* que fundei e dirigi durante quinze anos? Sim, ela serviu ao setor sem fins lucrativos, mas a própria empresa era decididamente com fins lucrativos. Muito antes do aumento da popularidade das empresas socialmente responsáveis ou do advento das empresas B (que equilibram lucro e propósito), nosso modelo de negócios orientado ao propósito gerou muito dinheiro ao focar, antes de tudo, viver nossos valores e criar uma proposta de emprego igual àquela de nossos clientes. No entanto, ainda assim, obtivemos um grande lucro, tamanhas foram a inovação e a eficiência de nosso modelo de negócios. Eu gostaria de ressaltar que não éramos apenas uma empresa "com fins lucrativos", mas uma empresa "com bons fins lucrativos": orientada a causas, mas, ainda assim, focada no lucro.

Aponto a diferença, pois ela vai ao encontro de uma suposição que muitos de nós temos: que o propósito vem apenas do foco no impacto, do nobre trabalho sem fins lucrativos, do serviço e do sacrifício. Isso simplesmente não é verdade para todos. O propósito para mim era aquela vocação superior para servir, mas não me tornei ilimitada até descobrir como aquela vida se encaixava nas outras 148 horas da semana, quando eu não estava no escritório.

Para entender por que nos agarramos a essa suposição equivocada, é importante aprender de onde ela vem, em primeiro lugar. E seu lugar de origem é o Plymouth Rock.

Confundindo caridade com propósito

Os peregrinos eram puritanos e calvinistas, perseguidos por praticarem sua religião e buscarem ganhar dinheiro suficiente para viver confortavelmente; eles deixaram a Inglaterra em busca da liberdade de fazer as duas coisas. Encontraram metade dessa equação — a liberdade religiosa — na Holanda, mas, sem a possibilidade de ganhar dinheiro, decidiram seguir em frente.

O problema de ser calvinista, no entanto, é que ganhar mais dinheiro do que se precisa para viver uma vida puritana traz uma culpa desagradável. Então, se for bom em ganhar dinheiro, precisa descobrir o que fazer com a culpa que o acompanha. E é aqui que John Winthrop entra na história.

Nos navios da Europa para a América do Norte — os próprios navios que carregavam esperanças, sonhos de vidas melhores e (claro!) com maiores propósitos —, John Winthrop fez um sermão sobre caridade, chamando-a de a mais verdadeira forma de salvação. Eis a questão: a caridade não salvou os pobres, como gostamos de imaginar hoje. Ela foi a salvação para os culpados, para os ricos. A caridade foi a penitência que os puritanos pagaram para ganhar dinheiro.

A culpa, ao que parece, era boa para os negócios. Esses mesmos puritanos elegeram Winthrop o governador da Colônia da Baía de Massachusetts várias vezes, consagrando ainda mais suas palavras na lei. E aquela brilhante "cidade sobre a colina" sobre a qual ele fez um sermão? Essa ideia está na raiz do setor sem fins lucrativos dos Estados Unidos de hoje.

De fato, todo o setor sem fins lucrativos se formou em torno do pressuposto de que é responsabilidade de quem tem mais cuidar de quem tem menos. É um conceito maravilhoso, baseado na empatia, na compaixão, na graça e, sim, na caridade. Mas também nos condicionou a pensar e trabalhar de forma errada, ao presumir que a vocação de alguém só pode ser digna se estiver fundada em algum propósito beneficente.

Serviço social não precisa ser sacrifício

A partir de suas raízes religiosas, essa noção de caridade levou à criação de entidades sem fins lucrativos, encarregadas de organizar e facilitar a prestação de uma ampla gama de serviços aos pobres, necessitados e desamparados. Após centenas de anos, o setor sem fins lucrativos se encontra em expansão nos Estados Unidos,[12] onde a caridade deixou de ser uma forma de salvação para povoar uma série de linhas de contabilidade — declarações de lucros e perdas que, no final das contas, não têm que apresentar lucro. A fundação de nossos impulsos caritativos, baseados mais no coração do que na economia, transformou-se em negócio. Mas reteve múltiplos mestres.

Imagine que você dirige uma organização sem fins lucrativos que ajuda crianças carentes. A maior parte do seu dinheiro vem na forma de doações de pessoas físicas, fundações ou subsídios do governo.

12. O setor sem fins lucrativos é composto de 1,57 milhão de organizações e paga 9,2% de todos os salários nos Estados Unidos, não incluindo as muitas organizações religiosas que, ironicamente, estão isentas de registro como organizações sem fins lucrativos. "Quick Facts about Nonprofits", National Center for Charitable Statistics. Acessado em 2 de outubro de 2018, <https://tinyurl.com/yapqj58u>.

Quem são seus clientes: as crianças ou os doadores? Você gostaria de pensar que serve às crianças, mas não é o caso. As crianças são apenas os beneficiários. Seus doadores — as pessoas que você precisa manter felizes, porque fornecem a receita que mantém tudo em funcionamento — são seus verdadeiros clientes. Isso gera um grande problema, que continua prejudicando o setor sem fins lucrativos.

Com o crescimento do setor e as tentativas de manter felizes os doadores bem-intencionados (mas mal informados), as organizações sem fins lucrativos foram forçadas a responder perguntas sobre o custo da entrega dos programas, e não sobre a eficácia deles. As preocupações com as despesas gerais ditaram menores investimentos em recursos humanos, pesquisa e desenvolvimento e avaliação de programas. O trabalho sem fins lucrativos tornou-se sinônimo de constante redução de custos e martírio, assumindo o papel de "o setor do bem" e "o verdadeiro caminho para o propósito", em que o sacrifício era admirado pelos benfeitores e imposto aos funcionários.

O setor sem fins lucrativos, portanto, moldou involuntariamente nossa ideia de propósito, afirmando que não podemos ter propósito se não formos agentes de serviço social — e que não podemos fazer serviço social se não estivermos fazendo sacrifícios.

Silos

O ódio aos impostos faz todo sentido, pelo simples fato de eles realmente serem, em parte, culpados por nossas frustrações. Nosso universo de opções de emprego é, antes de tudo, compartimentado, como se faz em silos, em opções sem ou com fins lucrativos. Sob cada uma delas, estão as diversas indústrias: governo, academia, filantropia, advocacia, serviços humanos, militares etc.; ou, se preferir, considere os silos como empresas privadas, de capital aberto, e toda uma série de pequenos negócios e empreendimentos empresariais. De qualquer forma, há um diagrama predeterminado que define como somos encaixotados — e como encaixotamos a nós mesmos.

O pressuposto de que o propósito é uma função de caridade e sacrifício também criou um ambiente em que as organizações sem fins lucrativos cresceram historicamente como entidades essencialmente voluntárias, enquanto as corporações se tornaram a plataforma para carreiras "reais". Mas o setor sem fins lucrativos não pode ser contido e tem evoluído de forma rápida e furiosa, desde casas de assentamento da virada do século que se concentravam no bem-estar infantil... até a defesa das leis trabalhistas e a organização do sufrágio das mulheres... até a Grande Depressão, quando atuava como uma rede de segurança social... até a massiva mudança cultural trazida pela era dos direitos civis, o movimento ambientalista e a Guerra do Vietnã, inspirando os cidadãos a agirem coletivamente para causar um impacto maior e mais rápido. Com esse crescimento, vieram as demandas por mais profissionalização, mas como a maior parte da atenção dos colaboradores sem fins lucrativos estava focada principalmente na prestação de serviços, o treinamento sério para carreiras reais no setor ficou para trás. As posições de liderança sênior foram ocupadas por ex-funcionários de campo e de programas, que foram forçados a pensar em gestão e desenvolvimento profissional posteriormente.

Nossas instituições de ensino superior tiveram que se recuperar assim que o setor começou a exigir mais treinamento, mais educação e mais certificação. A reação delas foi criar cursos personalizados de gestão para o terceiro setor, o que funcionou bem para aqueles que buscavam ser treinados para uma carreira no setor sem fins lucrativos. Há trinta anos, apenas algumas universidades ofereciam cursos de pós-graduação em gestão sem fins lucrativos, mas, hoje, são mais de duzentas. Os graduados agora chegam ao setor mais bem preparados do que nunca, e as organizações sem fins lucrativos vêm apresentando mudanças notáveis.

No entanto, essa tendência tem dificultado a vida das pessoas cuja vocação muda a cada fase da vida. Os alunos ainda estão sendo treinados para um ou outro setor. Os trabalhadores podem achar desafiador fazer a transição entre os setores em um período tardio de suas carreiras, apesar do fato de que muitas habilidades desenvolvidas em um silo beneficiariam e poderiam ser transferidas para o outro. O resultado é um par de noções incorretas. A primeira delas é a de que o propósito está apenas em "tal lugar", em "tal emprego" de "tal setor". A segunda é que o sentido e o propósito verdadeiros são inatingíveis na carreira que talvez já tenhamos escolhido.

* * * * *

Então, se vocação não é caridade... se não é sacrifício... se não é limitada ao trabalho sem fins lucrativos... então, o que é?

Conclusão: sua vocação é o que você precisa que ela seja. É sua razão de ser, sua própria bússola apontando para a harmonia. É sua motivação pessoal, o propósito por trás de tudo isso, o motivo pelo qual você pula da cama pela manhã. Sua vocação lhe permite identificar como você causa impacto e traz valor — é um lembrete constante do que importa. E se é uma causa beneficente, um impulso empreendedor ou outra coisa qualquer, ninguém decide o que é importante — exceto você.

Quatro maneiras de levar a vocação ao seu trabalho

Rick Muhr vive e respira a corrida. Ele exala confiança, competência e compaixão do jeito que todos os grandes treinadores fazem. Adora o esporte, mas, ainda mais do que isso, adora ensinar o esporte. Corredor ávido, desde o tempo de Força Aérea, Rick começou a treinar quando viu uma placa do programa de corredores para caridade em prol da Leukemia & Lymphoma Society durante uma maratona. Ele sabia imediatamente que treinar corredores seria a forma perfeita de honrar sua mãe, que havia morrido de leucemia.

Depois de fazer incursões na comunidade de treinadores, em 2008, Rick ajudou a cofundar a Marathon Coalition, uma organização sem fins lucrativos pela qual ele treinou centenas de corredores da caridade (incluindo eu!) para completarem a Maratona de Boston e arrecadar mais de dois milhões de dólares anualmente. Embora tenha ganhado uma pequena renda por meio da Marathon Coalition, ainda estava pagando as contas administrando equipes nacionais de vendedores na Pearson Education e, mais tarde, para a Polo Ralph Lauren. Ele acreditava nas marcas e via como seu trabalho influenciava o resultado, sabia como contribuía para a vida que queria viver e se sentia no controle em relação a quanto sua agitação afetaria sua renda e seu crescimento na carreira.

Mas, à medida que Rick ficava cada vez mais desiludido com a busca de metas das vendas trimestrais, ele percebeu que a vocação que sentia não era profunda o suficiente. Ele queria fazer da corrida sua vida, em tempo integral. No entanto, não conseguia ver como alçar a Marathon Coalition a um tamanho que lhe pagaria o suficiente para se afastar de seus lucrativos empregos de vendas. Em 2013, enquanto passeava pela Boston Marathon Expo — uma enorme feira antes da corrida, na qual as empresas que atendem aos corredores se reúnem para comprar artigos como relógios, GPS, monitores de frequência cardíaca, roupas esportivas, suplementos nutricionais, tênis e equipamentos de *fitness* —, Rick notou algo que não tinha visto antes: uma máquina de corrida de impacto zero. O Zero Runner, feito pela Octane Fitness, prometia aos corredores de longa distância o Santo Graal: poder correr para todo o sempre, sem prejudicar as articulações. Enquanto Rick conversava com os fundadores, ele aprendeu algo que mudaria sua vida: os fundadores estavam com dificuldades em conseguir tração e precisavam de ajuda com uma estratégia nacional de vendas e execução. Rick conhecia a pessoa certa para o trabalho.

Se procurar por Rick agora, pode encontrá-lo viajando pelo país, sendo pago para falar com corredores, o dia todo, sobre correr. Isto é, até ele chegar em casa e falar com os corredores da Marathon Coalition sobre correr durante todo o fim de semana. Então, como você pode encontrar sua vocação, assim como Rick encontrou a dele? Como incorporá-la ao plano de sua vida?

Ache o que o inspira

A vocação é seu propósito pessoal superior. Pode ser uma motivação abrangente, um objetivo a alcançar, um problema a resolver, um mal da sociedade a remediar ou uma causa à qual valha a pena servir. Pode ser uma conclusão a se ter, um negócio para construir, uma marca para amar. É a direção a um objetivo geral e o orgulho particular que você atribui ao valor desse objetivo.

Sua vocação pode ser encontrada na forma de uma causa que queira ajudar numa entidade sem fins lucrativos à qual você gostaria de servir, mas também pode ser um trabalho corporativo. Funcionários que se sentem bem com a missão geral de sua empresa podem se sentir igualmente bem com esse trabalho, seja nas Olimpíadas Especiais, na Procter & Gamble ou, no caso de Rick, na Octane Fitness. O que importa é que a vocação, a marca, a coisa maior à qual você está apegado tenha significado para você. Esse é o seu "porquê".

E sim, se é um empreendedor, você pode ser sua própria vocação. Nada dá mais clareza à sua vocação do que sua própria motivação levando-o a realizar seu sonho. A história está cheia de empresários de sucesso — pense em Henry Ford, Oprah Winfrey, Steve Jobs, Madonna — que nunca hesitaram em seu foco sobre quem eram e o que queriam fora de seu tempo fugaz neste mundo.

Na sequência da IPO de 1986, que faria de Bill Gates um bilionário, sua mãe o incentivou a doar parte de seu dinheiro. Ele disse a ela que estava muito ocupado dirigindo sua empresa e que não queria ser limitado por essas distrações ainda. Alguns viram isso como um ato egoísta e decidiram esperar para ver se ele realmente agiria ou não de forma filantrópica mais tarde.

Mas, como todos nós, Gates funcionava melhor quando trabalhava em harmonia. Quando esteve curioso em codificar e aproveitar os desafios da resolução de problemas, fundou sua empresa. Era o que fazia de melhor, e era sua vocação. Mais tarde, quando começou a aprender mais sobre as causas (e os efeitos) da pobreza extrema, dedicou cem milhões de dólares para iniciar a Fundação Bill & Melinda Gates. Mas apenas quando deixou a Microsoft é que sua vocação mudou e seu trabalho como filantropo, em tempo integral, realmente tomou forma. Agora, ele dedica não apenas centenas de milhões, mas bilhões de dólares para resolver os problemas mundiais de pobreza, fome, doença e desigualdade em suas raízes.

Se não tiver certeza sobre sua vocação, pergunte-se: o que me alimenta? A resposta deve ajudar a esclarecer seu propósito e a colocá-lo em maior alinhamento com sua vida profissional.

Deposite no "banco do seu futuro eu"

Faça o que você ama e nunca terá que trabalhar um dia em sua vida. É um conselho decente, porém, mais uma vez, incompleto.

Descobrir o que você gosta de fazer é uma boa ideia. Contudo, fazer disso algo que define toda sua carreira não é. À medida que cresce e evolui ao longo de sua vida, à medida que domina tarefas e resolve quebra-cabeças, naturalmente você vai procurar novos desafios. Ter a coragem de enfrentar esses desafios faz parte de investir em sua paixão. Se você se agarra demasiadamente a uma identidade, a incerteza de perdê-la — quem sou eu, senão um contador (ou advogado, ou professor, ou pedreiro) — pode ser tão inquietante que o redirecionamento da carreira lhe parecerá avassalador.

Além disso, estagnar em uma carreira, em um primeiro momento, pode se tornar entediante. A parte da harmonia, que vem da aquisição de novas habilidades e de ser desafiado, cairá da equação. Em vez disso, pense no que você gosta de fazer com uma mentalidade mais aspiracional. Ou seja, pense no que gostaria de amar no futuro, não apenas no que amou fazer no passado.

Não tenha medo dessa divergência. Embora possa ser desconcertante, sempre me senti atraída por posições para as quais eu não tinha qualificações aparentemente óbvias. O espaço entre *o que você está qualificado para fazer* e *o que você quer fazer* é o adiantamento de crédito que recebe nesse investimento de paixão; é o ovo no ninho das habilidades e da rede de contatos e conhecimentos que precisará adquirir. E tudo isso são depósitos no "banco do seu futuro eu".

Crie um inventário de suas habilidades

Ao pensar no que você está qualificado para fazer, não se limite às fronteiras de seu trabalho remunerado. É aqui que muitos falham em sua busca por transformar o trabalho em vocação. Eles confiam apenas na forma como outros os definiram, em termos de seus trabalhos diários, e se esquecem de olhar para o quadro mais amplo das habilidades e competências às quais se dedicaram.

Você provavelmente reuniu habilidades no trabalho que são facilmente adicionadas ao seu inventário. E quanto ao resto das horas do seu dia? O que tem feito pela escola do seu filho? Você já foi voluntário em seu local de culto? O que aprendeu ao longo de sua trajetória de envolvimento em associações de moradores? Seus *hobbies* ou atividades de lazer lhe trouxeram conhecimentos relevantes para sua nova trajetória profissional?

Melhor ainda, o que você já fez em seu local de trabalho que está fora de seus afazeres habituais? Talvez seja algo que você acha que não pertence ao seu currículo, pois não está na descrição do seu trabalho. Ou talvez seja uma aptidão ou proficiência que pareça ultrapassada para você, pois remete a empregos do passado. Por que você não está se gabando dessas habilidades que tem aí na manga?

Fazer um inventário de atenção o beneficia de duas maneiras. Primeiro, e mais óbvio, este exercício lhe dá uma noção das habilidades que traz consigo, enquanto considera fazer as mudanças necessárias para encontrar sua vocação. Menos evidente, porém, ajuda você a entender onde colocou sua atenção. Aquilo em que prestamos atenção é o que progride. Portanto, uma boa indicação do que é importante para você — pelo que está disposto a trabalhar, o que pode ser sua vocação — é descobrir no que você gasta seu tempo e sua energia. Ou no que gostaria de ter gastado.

Cuide das suas colheitas

Talvez você esteja pensando: é muito simples para ela dizer para eu ir ao encontro da minha vocação, mas isso não é possível para mim — pelo menos, não imediatamente. Há contas a pagar, crianças para educar, aulas para assistir. O que quer que "isso" seja, está atrapalhando o seu caminho. Assim, sonhos são deixados de lado. Mas há coisas que você pode e deve fazer hoje — agora mesmo! — para iniciar o processo de descobrir sua vocação, e todas elas envolvem aumentar seu número de opções.

Dito de outra forma, estas seriam as missões secundárias de videogame. Basta perguntar ao meu filho adolescente, que me apresentou esse conceito pela primeira vez numa manhã em que me sentia presa e incapaz de seguir em frente com um projeto.

"Mãe", explicou ele, pacientemente, "é como quando você precisa matar o dragão para poder salvar a princesa do castelo. Mas, primeiro, você precisa esperar que seus amigos terminem de jantar para que eles possam se conectar e jogar com você. Não dá para seguir em frente sem eles. Então, enquanto espera, pode cuidar de suas plantações, para ter trigo e vender no mercado pelo qual você passa no caminho para o castelo. Quando vender o trigo, poderá comprar um cavalo novo ou uma espada legal, que você sabe que vai precisar mais tarde, quando for para cima daquele dragão".

Missões secundárias estão relacionadas ao objetivo maior, mas não estão no caminho direto. Permita-se reestruturar seu problema atual como uma oportunidade de aumentar o número de opções futuras, angariando pessoas, conhecimentos, redes e recursos dos quais vai precisar mais tarde. Diga sim para o evento de networking. Fale com estranhos. Participe de uma aula. Peça para participar de uma apresentação. Você nunca sabe quem poderá conhecer, o que poderá aprender, para onde seus interesses vão guiá-lo ou que dragões vai matar.

Perguntas para orientar sua busca por vocação

Encontrar sua vocação e se tornar ilimitado, muitas vezes, exige que você siga um caminho não tradicional, não linear. Algumas pessoas chegam a esse ponto na jornada por meio de ações estratégicas planejadas; outras olham para trás e se dão palmadinhas nas costas por terem estado lá o tempo todo. Independentemente disso, sua vocação não virá de um manual de carreira, mas do coração. Sua vocação é como você, e somente você, a define.

Deixar o estilo de vida de Wall Street e se mudar para o Camboja para construir poços não o tornará mais excêntrico do que se tornar um professor de ioga certificado que só trabalha meio período, enquanto seus filhos estão na escola. Não se afaste de algo que possa parecer muito distante. Em vinte anos entrevistando candidatos a postos de trabalho, descobri que aqueles com os caminhos menos lineares ofereciam os *insights* mais interessantes, reunindo uma perspectiva única ao longo do caminho. Mantenha a mente aberta, pense amplamente e adapte sua busca por significado profissional na mesma direção.

Cada um de nós pode e deve ser a força empreendedora em nossa própria vida, entendendo e sendo dono de nossa vocação e deixando que ela impulsione nosso caminho profissional no sentido de nos tornarmos ilimitados. Esse objetivo insaciável — seja alimentar os pobres, fazer sua empresa brilhar ou ir atrás daquela promoção sublime — é sua vocação.

Ao descobrir sua vocação, considere as seguintes perguntas:

- Você consegue identificar seu objetivo principal?
- Seu trabalho traz a mudança que você quer fazer em sua empresa, em sua comunidade, em seu país, no mundo?
- Você trabalharia mais duro ou por mais horas se o que faz fosse mais importante para você?
- Do que você mais gosta: do seu trabalho voluntário ou do seu emprego regular? Por quê?
- Você se sente orgulhoso da missão do seu empregador?
- Por que você faz o trabalho que faz?

Capítulo 5

Conexão

Scott Monty passou a primeira parte de sua carreira trabalhando em diversas funções de comunicação, em nome de entidades corporativas e sem fins lucrativos — algumas vezes internamente, outras como consultor. Então, um dia, ele conseguiu o emprego dos seus sonhos — gerente global de comunicação digital e multimídia da Ford Motor Company. Na época, o dinâmico e visionário CEO Alan Mulally estava levando a empresa e toda a indústria automotiva para uma nova era, e Scott estava se reportando ao chefe de comunicação, que se reportava diretamente a Alan.

Da missão à liderança, à direção da empresa — Scott sentiu uma vocação. Ele viu claramente como o trabalho que fazia se conectava ao resultado de uma empresa da Fortune 10, além das reverberações na indústria e no setor corporativo como um todo.

Contudo, Mulally anunciou sua saída, e a empresa começou a voltar aos antigos caminhos burocráticos. A conexão de Scott com o trabalho tornou-se complexa, e sua eficácia diminuiu. Apesar de ainda estar ocupado, ele não podia mais conectar seu trabalho ao impacto que deveria ter. Seu papel como líder estratégico digital foi significativamente descartado, e isso abalou sua confiança.

Scott havia se entregado inteiramente à Ford; as horas que trabalhava superaram rapidamente os compromissos com sua esposa e filhos pequenos. Scott estava preso a um trabalho que não parecia importante, com pessoas de quem ele não gostava, em um ambiente que não valorizava o que ele gostava de fazer e em que se destacava. Ele não só tinha perdido a conexão com seu trabalho, como também não estava conectado com sua casa. Então, largou o emprego.

Scott fundou a Brain+Trust Partners e agora trabalha com líderes da indústria como um tipo de consignatário, ajudando a quebrar a inércia e fornecendo *insights* e recomendações com base em sua ampla experiência. Além disso, como palestrante, mostra ao público como focar incessantemente o cliente. Ele replicou o que lhe deu sua vocação na Ford, mas ampliou para servir a empresas ainda mais inovadoras. Agora, Scott pode ver uma conexão direta entre seu trabalho e as empresas de seus clientes que estão tentando crescer — e pode passar mais tempo em casa com sua família também.

O que é conexão?

E se você não aparecesse para trabalhar amanhã? Faria diferença?

Nem todos temos aquela sensação satisfatória de que as tarefas que realizamos diariamente estão ligadas à causa a que queremos servir, ao problema que queremos resolver, à empresa que queremos construir. É por isso que não nos sentimos culpados por nos ausentarmos por motivos de doença ou por sairmos um pouco mais cedo por conta do trânsito. É também por isso que não ficamos chocados ao saber que os trabalhadores norte-americanos se sentem cada vez menos engajados em seus empregos a cada ano.[13] Mas cada um de nós, em cada vaga de

13. As pesquisas da Gallup constatam de modo consistente que apenas um terço dos trabalhadores norte-americanos se sente ativamente engajado em seus empregos. Amy Adkins, "Employee

emprego que preenchemos, faz parte de algo maior: uma caixa em um organograma que tem metas locais, regionais e talvez até nacionais e globais. Portanto, seu trabalho pode muito bem importar; talvez você simplesmente não tenha a visão que lhe permita enxergar a conexão.

Como escravos da Tirania da Urgência, nós nos distraímos e erramos, ficamos ocupados e estressados a fim de fazer um trabalho importante. Corremos na roda do *hamster*, fazendo mais trabalho, mas não necessariamente um trabalho que importa. Não acredita em mim? Tente descrever suas maiores conquistas profissionais deste ano, das quais você se orgulha mais.

Não, espere. Comece de novo.

Você provavelmente começou usando a palavra *nós*, como em *nós conseguimos isto* ou *nós conseguimos aquilo*. Para este exercício, porém, quero que ignore os modos que sua mãe lhe ensinou e seja horrivelmente egocêntrico. (Não se preocupe, eu não conto para ninguém. Juro com o dedinho!)

Comece novamente, usando a palavra *eu*, e responda às seguintes perguntas: que objetivos nunca teriam sido alcançados a não ser pelo fato de você, especificamente você, estar naquele trabalho? Consegue traçar uma linha clara e distinta do seu trabalho diário para suas metas mensais, trimestrais ou anuais? Como esse trabalho impacta o chamado ao qual deseja servir?

Se não consegue responder a essas perguntas, provavelmente lhe falta — ou, pelo menos, sente como se lhe faltasse — *conexão*. Sem entender como seu trabalho se conecta à sua vocação (ao seu chamado), você se sentirá frustrado. Tornar-se ilimitado exige conexão.

Falta de perspectiva

Por que continuamos correndo na roda do *hamster*, trabalhando cada vez mais, mas não sentimos que estamos progredindo? Por que

---

Engagement in U.S. Stagnant in 2015", Workplace (blog), Gallup.com, 13 de janeiro de 2016, <https://tinyurl.com/ydagwkhf>.

nos dedicamos tanto a completar nossa lista de afazeres ou esvaziar nossa caixa de entrada, quando essas coisas não têm nada a ver com os grandes imperativos estratégicos que pesam sobre nós? Por que continuamos agindo quando nossas ações não estão obviamente ligadas ao cumprimento de nossa vocação?

Tudo começa com uma falta de perspectiva sobre o problema real que tentamos resolver. E só ganhamos perspectiva quando recuamos e reavaliamos a forma como nos conectamos com nosso trabalho.

Agir não é impactar

Quando um atirador matou vinte crianças e seis adultos na Escola Primária Sandy Hook, mais de 67 mil ursinhos de pelúcia foram enviados a Newtown, Connecticut. E isso é apenas uma fração do que apareceu depois do furacão Sandy, em Nova York e Nova Jersey; do supertufão Haiyan, nas Filipinas; e do terremoto japonês que causou o desastre de Fukushima. Você já se perguntou o que acontece com todos esses ursinhos de pelúcia? Alguns acabam nas mãos de crianças pequenas, como os pequenos raios de esperança que se pretendia que eles fossem. Mas, de longe, a grande maioria acaba empilhada em lixeiras, esperando para ser incinerada.

A questão é que faz bem — para nós — enviar ursinhos de pelúcia. O desejo de conforto vem da melhor parte da nossa humanidade e é um impulso nobre. Lógico, não há nada de errado em querer mandar um ursinho de pelúcia para uma criança em dificuldade, assim como não há nada de errado em querer financiar uma cama em um abrigo para desabrigados durante uma nevasca ou doar um litro de sangue depois de um ataque terrorista. Esses esforços fazem bem e criam um sentimento de conexão com a causa.

Mas essa conexão é apenas temporária.

Por melhor que seja a sensação, por mais nobres que sejam os esforços, eles não resolvem o problema. Nós nos entregamos ao conforto de curto prazo, de fazer *algo*, quando realmente precisamos construir instituições de mudança a longo prazo — de fazer a *coisa certa*. Avançar rápido para o próximo desastre, para o próximo ataque, para a próxima notícia chocante gera a sensação de bloqueio. Aquela delicada sensação de conexão — aquela batida momentânea de dopamina, aquela palmadinha nas costas que impulsiona o ego — desaparece rapidamente. Ficamos agarrados às mesmas perguntas: *Por que isso aconteceu de novo? O que posso fazer para ajudar? Como posso fazer algo que realmente importe?*

Muitas vezes, decidimos como agir com base em nossa perspectiva limitada e de curto prazo do que é necessário para resolver uma determinada situação. Quando falhamos em ter uma visão de longo prazo, nossas soluções rápidas não contribuem para o mundo que queremos criar. Quando falhamos em imaginar a solução certa, somos incapazes de alinhar nossos atos com a forma como podemos alavancar nossas melhores habilidades. Claro, nós agimos — mas não tivemos impacto. Sem impacto, não formamos uma conexão duradoura de modo que essas ações realmente façam a diferença ou, na verdade, importem.

Então, nós nos perguntamos por que nos sentimos tão limitados em nossa capacidade de fazer qualquer coisa.

Fazendo a pergunta certa

Esse contraste — o cansaço de estar tão ocupado *versus* a falta de progresso efetivo — aparece repetidas vezes nas conversas que tive com centenas de líderes ao longo da minha carreira. Os que se concentravam nas tarefas diárias (a ação) se sentiam sobrecarregados e estressados. Muitos se sentiam insatisfeitos, porque a raiz do problema nunca desapareceu. Por outro lado, os que se concentravam nos resultados (o impacto) se sentiam em harmonia, pois conseguiam enxergar a conexão entre seu trabalho e os problemas de longo prazo que estavam tentando resolver.

Qual é a diferença entre os dois? Fazer a pergunta certa, com base na perspectiva certa.

Quem escolhe o trabalho com base em uma pergunta focada na ação de curto prazo — *como posso ajudar?* — soluciona apenas problemas de curto prazo. Agora, antes de arremessar tomates em mim, ouça o seguinte: resolver problemas de curto prazo é um trabalho importante e deve ser feito. Obviamente, os problemas de curto prazo ainda precisam ser resolvidos, e essa atividade pode criar conexão para algumas pessoas. No entanto, a maioria de nós está presa, frustrada e limitada até que, eventualmente, conecte esse trabalho à solução de longo prazo. Em minha experiência, aqueles que se concentram nas soluções de longo prazo, e sentem mais harmonia (e menos esgotamento) ao longo do tempo, estão fazendo uma pergunta diferente: *o que precisa acontecer?*

Dito de forma clara, o controle de armas é uma solução melhor do que ursinhos de pelúcia.

Quatro maneiras de trazer conexão para o trabalho

Adam Foss estudou direito para poder ganhar dinheiro, ponto-final. Ele não tinha interesse em ser funcionário público, não tinha interesse em direito penal e definitivamente nunca pensou em ser promotor. No final de seu primeiro ano da faculdade, Adam conseguiu um estágio em um tribunal municipal, em um bairro atormentado pela violência armada e pelo crime relacionado a drogas. Sua perspectiva mudou radicalmente logo no primeiro dia.

Vez ou outra, Adam viu juízes, advogados de defesa e promotores tomando decisões que mudavam a vida dos réus sem muita ou qualquer contribuição dos próprios réus. Sua vocação mudou repentinamente: foi de ganhar dinheiro para si mesmo a garantir justiça para todos. Comprometido a fazer melhor, tornou-se promotor público e conectou seu trabalho diário em nome de seus clientes com esse objetivo final.

E nisso encontrou harmonia — ao menos pensou que sim.

Então, Adam conheceu Christopher, um estudante afro-americano de dezoito anos, cujo objetivo era entrar para a faculdade, mas cuja renda era muito baixa para seguir esse caminho. Em desespero,

Christopher tomou uma má decisão: ele roubou trinta computadores portáteis e tentou vendê-los na internet. Quando chegou a hora da acusação de Christopher, Adam percebeu que tomaria uma decisão que afetaria Christopher para sempre: levar o caso a julgamento e mandar o jovem para a cadeia ou oferecer um acordo, dando-lhe a chance de ter uma vida normal.

Alerta de *spoiler*: Adam escolheu a segunda opção. Com o apoio de Christopher, eles recuperaram 75 por cento dos computadores e os devolveram à Best Buy, e ainda estabeleceram um plano de reembolso financeiro e serviço comunitário. Christopher foi à faculdade, conseguiu ajuda financeira, formou-se em quatro anos e agora é gerente de um banco local.

Adam pensou que já tinha uma profunda conexão com seu trabalho, mas lidar com o caso de Christopher o fez perceber algo. Enquanto ele era capaz de influenciar os resultados de clientes e casos individuais, seu trabalho diário não ia longe o suficiente para responder à sua vocação: igualdade e justiça para todos. E quanto a todos os outros promotores lá fora, sem treinamento, sem restrições e sem conhecimento? São eles — e não os juízes, políticos ou delegados — que fazem as recomendações e que constituem o fator decisivo para o destino da maioria dos presidiários nos Estados Unidos. Adam estava apenas quebrando o galho, um caso de cada vez. Ele não estava realmente conectado.

Então, sua estratégia foi usar suas habilidades como advogado para pesquisar, argumentar, ensinar e, em última instância, fazer com que os promotores entendessem e utilizassem melhor os poderes que lhes eram dados. Ele usou seu carisma, seu conhecimento e sua própria história de vida — se você acha que estou inventando isso, procure o TED Talk de Adam e veja por si mesmo. Ele fundou o Prosecutor Impact, que treina promotores para melhorar a segurança da comunidade por meio de uma melhor compreensão do que ele considera ser o agente mais importante do sistema de justiça criminal: o promotor.

De que modo você poderia fazer mudanças necessárias, a exemplo de Adam, para aumentar sua compreensão de como seu trabalho pode estar a serviço de sua vocação? Como aumentar sua conexão para, consequentemente, aumentar a harmonia em sua vida?

Melhore o seu sim

O conselho pessoal e profissional mais difícil que já recebi foi este: "Você não é tão importante assim." Naquela época, eu estava, ao mesmo tempo, construindo meu negócio, minha família e minha comunidade, sendo tudo para todas as pessoas, em todos os momentos. Com certeza, *parecia* que eu era importante para o mundo ao meu redor. Eu estava a todo vapor, fazendo acontecer. E estava me matando ao tentar fazer tudo isso.

Esse estado de coisas era insustentável. Eu tinha que aprender a dizer não. Mas adorava dizer sim! Não se pode aumentar o leque de opções sem dizer sim. O problema era pensar que tudo o que eu fazia estava se conectando à minha vocação, e então querer justificar minhas ações.

Enquanto buscava conselhos confirmando que eu era, de fato, um dínamo que podia dizer sim a todos, tudo o que encontrei foram blogs sobre dizer não: como dizer não (adiar, desviar, demorar) e por que dizer não é bom para você (mais tempo, limites mais bem definidos, relaxar na banheira). Mas nada realmente falava para o que eu devia dizer não.

Então, em vez de aprender a dizer não, me ensinei a dizer sim da melhor forma. E quando comecei a dizer sim para as coisas certas, não tinha mais tempo para as erradas. Foi mágico! Tudo se resumiu a fazer quatro perguntas simples.

Primeira: fazer isso vai ajudá-lo? Certifique-se de ver a si mesmo — concluindo seu projeto, alcançando uma promoção, fazendo boas vendas de bolos, conquistando a presidência de comitês ou [*insira aqui a oportunidade*] — chegando mais perto de atingir seus objetivos pessoais ou profissionais.

Segunda: será que fazer isso vai ajudar outra pessoa? Enquanto alguns pedidos parecem pagar com nada mais do que carma psíquico, talvez eles venham com um acompanhamento útil: levá-lo a novos lugares, apresentá-lo a novas pessoas, ensinar-lhe novos tópicos ou proporcionar-lhe novas habilidades.

Terceira: fazer essa coisa vai lhe trazer alegria? Se ela não o beneficia, não ajuda outra pessoa e não lhe causa alegria, com certeza você não deve embarcar nessa. Mas se lhe causar alegria, então, jogue a cautela ao vento e diga sim! O resto, você vai descobrir.

Quarta — e mais importante: outra pessoa pode (ou, melhor ainda, deve) fazer isso? Muitas vezes, dizemos sim simplesmente porque nos pedem e nos sentimos lisonjeados, culpados ou encurralados. Porém, sejamos realistas: geralmente, nos perguntam não porque fomos escolhidos a dedo como a melhor pessoa para a tarefa, mas simplesmente porque fizemos contato visual na hora errada.

Deixe seu ego de lado, envolva seu intelecto e dê um passo atrás se você não for a pessoa certa para o trabalho. Não se engane — eles vão encontrar outra pessoa. Sempre encontram. Acontece que, para algumas coisas, você simplesmente não é tão importante assim. Como bônus, dizer "não" reservará tempo para que possa fazer coisas realmente importantes para você.

Peça perspectivas

Em algum lugar de sua trajetória (de operacional a líder), haverá um chefe que, desapercebidamente, encaminhará um e-mail ou apresentará uma ideia com a introdução *Não seria ótimo se...?* E você vai se deparar com uma confusão de ideias, apresentando soluções e inovações — tudo num vácuo de informação, o tempo todo se perguntando o que seu chefe queria dizer, se está indo na direção certa ou se este novo pesadelo deveria até mesmo ser priorizado. Você não terá ideia de como essa tarefa boba se conecta com o plano estratégico, as metas trimestrais ou qualquer outra coisa.

Quando alguém lhe pede para pular, sua reação é colocar as mãos no joelho, dar uma pausa e ter tempo suficiente para perguntar: "Quão alto"? Se sim, lembre-se de que é uma boa prática não correr atrás de uma solução antes de entender o problema. Em vez de pegar o que é apenas um amontoado de ideias e levá-lo a um lugar de honra, no topo de sua lista de afazeres, a primeira parada é pedir mais informações sobre a finalidade da missão a quem a solicitou. Saiba exatamente como seria um resultado bem-sucedido, como saber se está conseguindo e quando pedir ajuda. Peça outros pontos de vista sobre como o trabalho se relaciona à vocação à qual deseja atender. Você desperdiçará menos tempo e esforço quando se permitir trabalhar em projetos com os quais sinta mais conexão.

Visualizar como seu trabalho está ligado ao sucesso talvez inclua pedir para participar de reuniões, apresentações, coquetéis e eventos de networking — qualquer coisa que possa ajudá-lo a entender o panorama e como os responsáveis tomam decisões que afetam sua vida. Os executivos, muitas vezes, não querem sobrecarregar o pessoal júnior e ficarão encantados por sua demonstração de interesse. Esses eventos são úteis não só na construção de networking no trabalho, mas o tempo que você passa nesse caminho o ajudará a conectar-se ao líder.

Menos é mais

Trabalhar para um líder inspirador pode preencher a conexão, independentemente de ele ter a personalidade prototípica, que fala em voz alta, está sempre à frente e tem carisma; ou um tipo mais calmo, que lidera nos bastidores. De qualquer forma, estar perto de onde as coisas acontecem pode lhe dar uma impressão melhor de como esses líderes trabalham, pensam e se conectam à sua vocação. Isso pode significar uma função inferior, mas com acesso privilegiado.

Procure a seção do organograma que esteja mais próximo da ação que você quer encontrar, mesmo que isso signifique aceitar um trabalho de menos prestígio. Ser assistente no escritório do CEO lhe mostrará mais, lhe ensinará mais, o conectará mais do que ser um gerente de divisão catorze degraus abaixo. Se quer estar conectado, precisa estar na sala onde isso acontece. Você terá uma visão não só de como seu trabalho é importante, mas de como cada papel na organização também importa.

Faça seu currículo trabalhar para você

Humildade, miopia, amnésia e urgência são os quatro cavaleiros do apocalipse do currículo. Lembre-se de todas as vezes (fora aquela busca de emprego após a primeira pós-graduação) quando lhe foi pedido um currículo. Enquanto você se sentava para atualizar o que realmente conquistou, tentava encontrar um equilíbrio entre orgulho e arrogância; encapsular tudo o que podia fazer sob um título de trabalho; lembrar-se de tudo o que tinha conseguido entre *aquela época* e *agora*; e terminar de atualizar o currículo até o prazo final. Essa não foi uma tarefa fácil. Por isso, é importante manter seu currículo atualizado para um novo emprego mesmo quando você não está no mercado.

Além disso, atualizar seu currículo uma vez por ano ou mais vai lembrá-lo de como seu trabalho é importante — ou lhe mostrará o quanto não é. Eis o truque: liste suas conquistas, não suas tarefas. Não escreva sobre as ações; escreva sobre os resultados provenientes delas. Então, considere esses resultados cuidadosamente. Se puder traçar uma linha direta de seu trabalho até a vocação à qual está tentando servir, você tem conexão. Se não, os buracos que você precisa tapar continuarão vazios.

Não descarte o trabalho que está fazendo em seu cargo. Lembre-se de incluir trabalhos que tenha feito como membro de uma comissão de escritório *ad hoc*, independentemente de envolver suas funções oficiais. Examine seus projetos e destaque toda e qualquer habilidade que tenha desenvolvido ao completar cada uma das tarefas. Mesmo que essas habilidades e tarefas não pareçam relevantes para seu trabalho atual, elas podem fazer parte do quadro geral de harmonias mais tarde.

Mesmo que não o façam, ou se você não conseguir encontrar conexão, o processo de avaliação e inventário para a manutenção do currículo reforçará sua confiança em suas habilidades, o que pode ajudá-lo quando estiver pronto para saltar rumo à sua vocação.

Perguntas para orientar sua busca por conexão

Funcionários conectados são mais engajados e bem-sucedidos. Eles são os mais interessados. São energizados. Eles levam o trabalho a sério porque entendem o impacto que ele tem sobre seus colegas, o relatório trimestral ou a missão da empresa.

Funcionários desconectados são igualmente fáceis de identificar. Eles aparecem para trabalhar e completam suas tarefas, no entanto, estão descontentes. Sentem-se subestimados, subvalorizados e mal remunerados. Às vezes, perderam o gás ao longo do caminho. Às vezes, pensam que estão arrasando — e realmente estão trabalhando duro, mas construindo belos sistemas que acabam operando em silos.

Ao pesquisar por conexão, considere as seguintes perguntas:

- O que aconteceria se você não aparecesse para trabalhar hoje?
- Você entende como o trabalho que faz se conecta com o problema que está tentando resolver ou com a empresa que está tentando construir?
- Quanto do seu trabalho está relacionado aos seus objetivos?
- Você sabe especificamente o que precisa fazer a cada dia e como isso está relacionado a seus objetivos?
- Como seu sucesso no trabalho se traduz no sucesso da vocação à qual está tentando servir?
- Como seu relacionamento com o líder ou gerente influencia sua conexão?

Capítulo 6

Contribuição

Conheci Jina Sanone quando trabalhávamos juntas para o então presidente Bill Clinton, na Casa Branca. Éramos parte da equipe que criou a AmeriCorps. Jina, assim como eu, sempre esperou que seu "emprego de verdade" fosse na indústria aérea. Depois de conquistar seu MBA pela Universidade de Michigan, ela encontrou seu emprego dos sonhos, na Northwest Airlines, que mais tarde se fundiu com a Delta Airlines.

Nos dezessete anos seguintes, Jina fez um trabalho que amava e subiu no *ranking*, otimizando estratégias de preços e construindo parcerias para aumentar a receita de uma companhia em uma indústria que sentia ser sua vocação. Ela trabalhou com pessoas de quem gostava, em projetos que amava — incluindo uma iniciativa interna para construir programas de desenvolvimento de liderança feminina em todos os níveis da empresa — e de maneiras que lhe trouxessem o melhor de si, tudo isso enquanto cruzava o globo, graças aos benefícios das viagens gratuitas da empresa. Jina adorava o trabalho.

Mas, então, uma coisa engraçada aconteceu.

Jina se viu mais inclinada a seu interesse na liderança feminina e louca para voltar à política. Ela viu que as mulheres não tinham sucesso nos níveis mais altos da política tão rapidamente quanto ela esperava e logo ficou claro que os dados — sua especialidade — eram os culpados.

Historicamente, as mulheres têm sido incentivadas por toda uma série de organizações sem fins lucrativos a concorrer a cargos públicos. A ideia é que, quando mais mulheres concorrem, mais mulheres ganham. Contudo, Jina discordava. Ela viu evidências de que essa estratégia era como dar murro em ponta de faca. Em vez disso, estava levando à canibalização de recursos já restritos, com mulheres concorrendo a um cargo, independentemente de terem sequer chance de conquistarem a vaga.

Então, Jina tirou uma licença da Delta e iniciou uma empresa sem fins lucrativos, chamada Her Term, para analisar dados e determinar em *quais* distritos as mulheres tinham maior probabilidade de sucesso, e então recrutar e treinar mulheres desses distritos específicos para concorrer e vencer.

É aqui que a maioria das histórias de harmonia pode terminar com... *felizes para sempre*. Porém, Jina encontrou um problema inesperado: ela detestava o processo de captação de recursos. Sua empresa ainda não era grande o suficiente para pagá-la, então ela estava sentindo falta do elemento de contribuição em sua forma mais básica: uma renda básica para a vida que ela queria viver. Jina estava enfrentando uma crise existencial.

Jina olhou para suas opções e determinou que deveria retornar a um emprego em tempo integral com a Delta e deixar a Her Term de lado. Ela era muito respeitada em toda a empresa, por isso a transição de volta seria relativamente perfeita. Voltou para uma indústria que ainda amava, mas para uma carreira que era menos importante do que antes.

Agora, você pode estar pensando: *Bem, isso parece terrível. Parece que Jina está se acomodando. Não é assim que eu quero alcançar harmonia.* Mas esta história não tem a intenção de oferecer um final de conto de fadas de Hollywood. Em vez disso, ela traz um ponto específico: Jina tem harmonia, porque depois que sua vocação mudou, em 2016, ela se ajustou e conseguiu conexão (via Her Term), assim como contribuição (via Delta). Ela gosta da harmonia generalizada, em um trabalho que é importante para ela.

O que é contribuição?

O trabalho que fazemos deve contribuir com algo em nossas vidas — mas com o quê? Quando nos sentamos e fantasiamos sobre a vida que queremos viver, temos diferentes definições de sucesso. Alguns querem pagar os empréstimos estudantis. Outros querem aumentar sua velocidade vocacional. Muitos querem que seus trabalhos reflitam e aprimorem os valores pelos quais querem viver. Uns querem o acesso e o poder que o privilégio pode proporcionar. Há aqueles, ainda, que querem viver a serviço dos outros. E existem pessoas que querem realizar alguma combinação de todas essas coisas e muito mais.

Aqui entra em jogo a contribuição. Enquanto a conexão está relacionada ao modo como o trabalho que você faz cumpre a vocação à qual você quer servir, a contribuição é toda sobre você. A contribuição refere-se ao trabalho que você faz e como ele o ajuda a construir a vida que quer viver.

É óbvio que uma mulher cujo emprego lhe permite viver seus valores no trabalho e em casa está em harmonia. Mas quem pode dizer que esse é o único caminho? Considere o homem que desempenha um trabalho que suga sua alma, mas que lhe permite pagar seu amado Lamborghini e sua casa de praia do fim de semana. Quem pode dizer que ele tem menos harmonia do que um sujeito que trabalha num emprego igualmente sugador de alma que lhe permite doar dinheiro para curar o câncer? Independentemente do que pensa sobre essas pessoas, as escolhas permitem que elas sejam ilimitadas, pois seus trabalhos contribuem para o que elas consideram importante. E, francamente, a opinião delas é o que conta.

Reverência a um sonho

Todos os dias, ouço astros em ascensão com objetivos gigantescos. Eles me falam sobre sua metodologia, seus planos de ação. Mas sempre escuto outra coisa — algo que eles continuam enterrando lá no fundo, aquele sussurro do sonho não dito, aquela pessoa que eles gostariam de ser se o que fizessem contribuísse para quem eles secretamente imaginaram que poderiam se tornar.

Você sabe a qual sonho me refiro: aquele que você não ousa falar em voz alta. Esse sonho é tão grande, tão assustador, tão audacioso, que você quase se sente mal por querê-lo. Mas você o quer. Você realmente o quer. E ter esse sonho — e reverenciá-lo — bem, isso é o que me diz quem vai ter sucesso e quem não vai. Porque é essa reverência que me diz que alguém não está apenas seguindo sua paixão, mas disposto a *investir* nela.

Sonhando

Todos temos objetivos nos quais pensamos como se fossem criação nossa. Mas a verdade é que a maioria deles foi determinada por outras pessoas. Seus pais lhe disseram para ter boas notas na escola. Seu chefe lhe diz para almejar uma grande promoção. Seus amigos e vizinhos lhe pressionam rumo ao cônjuge certo, a dirigir o carro certo, morar no apartamento certo, usar as roupas certas e no tamanho exato. E assim por diante...

Com muita frequência, somos apanhados pelo impulso dessa motivação externa, agradando alguém, seguindo os passos, fazendo o que é esperado. E não paramos para nos perguntar o porquê.

E se você estivesse sendo honesto consigo mesmo — totalmente, sem vacilar? O que você realmente iria querer? Qual é a "Grande Meta Audaciosa e Cabeluda" pela qual está disposto a lutar? Qual será a contribuição desse caminho, desse objetivo, desse sonho para a vida que você quer levar?

Em minha experiência, os profissionais mais bem-sucedidos nunca são aqueles que simplesmente querem a próxima promoção para o próximo grande trabalho só porque isso é o que se espera. Em vez disso, eles são tão famintos por seus objetivos autodeterminados que estão intrinsecamente motivados a ir atrás deles. Os profissionais mais prósperos, mais realizados, são aqueles que fazem o trabalho extra, no escuro, quando ninguém vê — aqueles que são donos de suas próprias metas audaciosas e que estão dispostos a cavar fundo e dar tudo de si para cumpri-las. Eles fazem isso por si mesmos, porque querem tanto atingir esses objetivos que não conseguem deixar de executar. Sabem que buscar essas metas contribuirá para a vida que querem viver e estão insaciavelmente famintos por esse ideal de sucesso. Você não pode estar insaciavelmente faminto pelo ideal de sucesso de outra pessoa, pelo objetivo de outra pessoa, pela causa de outra pessoa.

A favor da ambição

A ambição tem tido má fama ultimamente. É uma palavra suja — ainda mais se você for mulher (*Oh, ela é tão ambiciosa!*). Parte da razão pela qual perdemos a propriedade de nossos sonhos não ditos é que fomos persuadidos a permitir que nossa ambição fosse submetida a algo que é mais socialmente aceitável: a falsa humildade.

Por que você quer chegar à frente? O que quer fazer com esse poder? Você quer mudar sua família, sua comunidade, seu país, o mundo? Quer deixar uma marca grande ou pequena no planeta? Que tipo de vida quer viver? Como quer criar sua família? Você quer retribuir? Uma posição elevada, um salário mais alto e uma voz de liderança vão ajudá-lo a fazer isso? Claro que sim.

No entanto, a culpa da ambição nos detém e nos impede de nos tornarmos ilimitados. Em algum ponto do caminho, atribuímos santidade à palavra propósito, como se houvesse uma imagem da Madre Teresa ao lado da definição no dicionário. Foi aí que o trem começou a descarrilar.

Se olhar a definição de propósito — eu fiz isso —, verá que ela é bastante benigna: o propósito é apenas a razão pela qual algo existe ou por que é feito. Isso é tudo. Não tem nenhuma foto de santo, nem amigos revirando os olhos e nenhuma atribuição de vergonha. Nada — e ninguém — está dizendo que um trabalho que ajuda a pagar suas dívidas mais rápido, mas falha em curar os males do mundo, não tem propósito.

Já lhe ocorreu que você deve isso não só a si mesmo, mas a todos e a tudo que quer impactar ao ser ambicioso na escolha e na busca de seus objetivos? Se estar nessa posição elevada, com aumento de salário e maior voz de liderança, permite que tenha mais impacto na própria vocação, isso é mais do que apenas sua ambição. É sua responsabilidade.

Encontramos propósito ao alcançar nossos objetivos, sejam eles quais forem. Contudo, o propósito não tem julgamento. Só nós, os humanos, temos. Se pagar suas dívidas é o que está entre você e sua liberdade de viver a vida que você deseja, se comprar um conversível é o que lhe trará alegria, se conquistar uma promoção faz parte do plano de sua vida, então por que não elevar suas expectativas de contribuição do seu trabalho?

Quatro maneiras de trazer contribuição ao seu trabalho

Stas Gayshan iniciou sua carreira na política em busca de um propósito por meio de uma causa. Ele trabalhou em péssimas condições para campanhas de candidatos quixotescas, que alimentaram sua paixão e seu amor por objetivos ousados e idealistas. Entretanto, o trabalho em uma campanha é árduo e, no final dele, os resultados são binários: você ganha ou perde. Não há segundo lugar. Quando perde, a dor é aguda, real e imediata. Um dia, você está gastando tudo que tem em seu arsenal; no dia seguinte, está desempregado. Ao perder, é difícil não olhar para trás e se perguntar se valeu a pena.

Stas vivia uma vida de trabalho, em que ganhar significava felicidade e perder, pesar. Ele precisava descobrir outra maneira de ver as coisas, de determinar se algo daquele trabalho era importante. Ele tinha que parar de perseguir a felicidade — e começar a perseguir o significado.

Stas tentou focar os pontos positivos das campanhas, mesmo daquelas em que havia perdido. Percebeu progressos em várias questões e em vários distritos. Claro, cada campanha era personificada por um candidato em particular, mas ele ou ela era apenas o veículo humano imperfeito para a lista de causas que Stas considerava. Às vezes, o candidato perdia, mesmo assim as questões se mantinham e eram levadas adiante pelo candidato seguinte. Entre seus colegas, também houve momentos significativos: conquistas pessoais, casamentos, filhos e amizades eternas.

Até que Stas aprendeu a não ver o fracasso como o final, mas como um ponto em seu caminho para o sucesso. Ponto a ponto, ele poderia continuar lutando pelas coisas que lhe interessavam, ao lado de pessoas que o inspiravam. Ele ajustou suas lentes para que pudesse entender melhor a contribuição que cada trabalho trouxe à vida que queria viver. Ao fazer isso, Stas percebeu que poderia incorporar mais essa vocação e sentir mais essa contribuição, se descobrisse soluções escalonadas tanto para os candidatos quanto para causas próprias.

Toda campanha tinha a mesma desvantagem: quando se tratava de construir os serviços de bastidores, ninguém parecia ter a experiência necessária. Cada nova equipe de campanha estava reinventando a roda. Então, Stas começou o "Space with a Soul", um local que oferecia escritórios compartilhados, salas de conferência, espaços para eventos e serviços de bastidores, tanto para campanhas quanto para organizações sem fins lucrativos.

Assim, Tim Rowe, fundador e CEO do centro de inovação e *coworking* Cambridge Innovation Center (CIC), apareceu com um objetivo louco, inspirador e audacioso: escalar o CIC em todo o mundo e fornecer espaço para o crescimento de organizações sem e com fins lucrativos. Stas embarcou nessa. Agora, ele não servia mais a candidatos ou organizações sem fins lucrativos por meio de trabalho de campanha em período integral — embora ainda seja voluntário em seu tempo livre. Em vez disso, atendia à sua vocação de fazer do mundo um lugar melhor enquanto desfrutava da essência de sua contribuição de forma mais plena do que buscava na política.

Por que entendemos mal a contribuição? Por que evitamos ir atrás do que queremos? Mesmo quando vamos atrás do que achamos que queremos, por que ainda nos sentimos fora de eixo, sem harmonia? Porque por muito tempo nos foi dito que um bom trabalho deve ser feito para o bem maior — e sentimos culpa por querer algo que não se encaixe nessa opção.

Vamos reiniciar as expectativas aqui e agora mesmo. Sua contribuição é como seu trabalho cria a vida que você quer viver, o estilo de vida que deseja e os valores que quer manter — não os objetivos que outros traçaram para você. Mas, para sentir que a contribuição dessa fórmula de fato favorece a vida que você deseja, é preciso começar a assumir exatamente o que essa vida oferece.

Encontre sua tribo

Seus objetivos de contribuição são semelhantes aos de seus colegas de trabalho? Você pode discutir e compartilhar essas metas, e recrutar ajuda para alcançá-las, entre as pessoas com quem passa a maior parte do seu tempo nos dias de semana? Talvez o mais importante: você é capaz de ser o autêntico "você" durante o horário de trabalho, assim como é em casa?

Se a vocação que exerce durante as quarenta horas semanais é apenas o que paga por sua verdadeira vocação, você só se sentirá coerente se essa atividade extra não estiver em desacordo com os objetivos de seus colegas de trabalho ou empresa. Pesquisadores de câncer provavelmente não encontrarão colegas dispostos a conversar sobre seu clube de charutos no trabalho. Dentistas serão olhados com estranheza quando pedirem aos colegas para provar os resultados de seu passatempo de fim de semana: fazer doces. A contribuição só leva à harmonia total quando seus objetivos estão alinhados com os objetivos da sua tribo.

Foque seu passatempo

Se está descobrindo que seu *hobby* — aquilo que você ama fazer, mesmo que não faça parte nem esteja relacionado à sua vocação — contribui mais para a vida que quer viver do que o seu emprego, é hora de mudar o foco. Você já ouviu o ditado: *Descubra o que você ama e depois descubra como ser pago por isso*. O que em seu *hobby* funciona para você? Ele permite que você viva em maior alinhamento com seus valores? Seu *hobby* define a empresa que você mantém, os amigos que você faz, os líderes que o inspiram? Ele o ajuda a adquirir habilidades ou métodos que melhoram sua abordagem em outras áreas da vida?

Claro, às vezes é difícil substituir totalmente sua vocação por seu *hobby*, especialmente se for, digamos, observar pássaros ou colecionar selos. Então, se esse tipo de movimento estiver fora de seu alcance, passe algum tempo descobrindo *por que* você ama o que ama — talvez seu *hobby* ofereça liberdade criativa, trabalho em equipe ou curiosidade intelectual, por exemplo. Então, descubra como construir esses componentes em seu trabalho remunerado.

Conheça seu valor

Se é honesto consigo mesmo e percebe que, para você, a contribuição deriva de recompensas monetárias, o passo óbvio é negociar por mais renda. Mas como fazer isso, além de apenas perguntar? Como pedir um aumento se você se sente tímido, culpado ou ansioso?

Primeiro, determine os comparativos de mercado — o valor justo no mercado para alguém com sua experiência, fazendo seu trabalho, em uma indústria e localização geográfica semelhantes. Isso lhe dará um valor realista. Então, abandone seu preço (e sua bagagem) e pense no seu valor.

Você tem um salário, e acha que este é o seu valor, quando na verdade é outra coisa: o seu preço. Então, qual é a diferença entre os dois?

No início da minha carreira de palestrante, me ofereceram o que considerava ser uma soma ridiculamente grande para uma apresentação de quarenta minutos. "Eu me sinto como o Mágico de Oz", confessei ao meu marido, pensando em mim não como aqueles grandes palestrantes, mas como a pequena senhorinha atrás da cortina. "Eu me sinto muito falsa por receber todo esse dinheiro por quarenta minutos de trabalho."

Ele se virou para mim e disse, com um rosto que só pode ser descrito como mistificado: "Não, você está sendo paga por 25 anos e quarenta minutos de trabalho."

Em outras palavras, meu preço é minha taxa de palestrante, o custo de me colocar no palco, diante de uma conferência cheia de pessoas. Meu valor, por outro lado, é a soma total de todo o trabalho que tive para subir ao palco e toda a sabedoria, presença e carisma que me acompanham.

Se você está em um momento posterior de sua carreira, seu valor é a sabedoria composta de décadas de experiência — de sucessos e, sim, de fracassos também. Se está apenas começando, seu valor pode ser o tempo que poderá levar entre tentativas e erros ou a sólida rede de amigos e mentores que você reúne em torno de si — e aprender a uma velocidade exorbitante.

Em qualquer momento de sua evolução pessoal e profissional, nunca é o impulso momentâneo do gênio sozinho que faz de você um trabalhador valioso, e sim o que veio antes dele a duras penas. O que você está disposto a aceitar é o seu preço; o que o trouxe até aqui é o seu valor. Sempre negocie seu preço com base no seu valor.

Pratique a gratidão

Anos atrás, trabalhei para Larry Fish, então CEO do maior banco da Nova Inglaterra. A fim de me preparar para nossa primeira reunião, assisti a uma palestra dele para uma aula de MBA na MIT Sloan School of Management, na qual mencionou que começava todas as segundas-feiras escrevendo uma nota de agradecimento para um de seus funcionários. Em nossa primeira reunião, comentei sobre isso, perguntando a Larry como ele encontrava algo sobre o que escrever a cada semana.

Larry olhou-me nos olhos e disse:

— Tenho mil funcionários. Se não consigo encontrar alguém a quem possa expressar gratidão, pelo menos, uma vez por semana, não estou prestando atenção.

Quando vir outros que estão vivendo seus valores compartilhados através do trabalho, reserve um momento para reconhecer e elogiar como estão fazendo isso. A prática ativa da gratidão sedimenta os atos deles em você — e o motivo pelo qual essas ações importam. Ser grato de forma aberta lhe fornece uma visão mais abrangente de como suas ações diárias no trabalho contribuem para os valores pelos quais você quer viver.

De toda maneira, você pode fazer a mesma coisa pelas suas próprias ações. Muitas vezes, procuramos focar o que está errado, mas ao nos concentrarmos também no que está indo bem, podemos aumentar nossa contribuição tornando nossas próprias ações intencionais. Isso não só lhe permitirá prestar atenção às partes do trabalho em que deseja crescer, mas também vai forçá-lo a focar aquilo que realmente lhe agrega algo.

Perguntas para orientar sua busca por contribuição

Alguns vão interpretar a contribuição como um horário flexível que permite aos novos pais passar um tempo com seus filhos. Outros, como um trabalho que lhes proporciona o maior salário possível para que possam ser filantropos ou consumidores raivosos e despreocupados (ou ambos!). E alguns, ainda, esperam que seu trabalho contribua para colocá-los na companhia de pessoas que os inspirem a ser um melhor amigo, pai ou cônjuge.

Aí está: eles estão se saindo bem.

Contribuição significa apenas entender como seu trabalho permite, possibilita e capacita você a se tornar ilimitado, posicionando-o para ser mais da pessoa que você quer ser. Ao buscar a forma como quer que seu trabalho contribua para sua vida, considere as seguintes questões:

- Seu trabalho lhe proporciona o estilo de vida que você deseja?
- Como quer que seu trabalho contribua para a vida que você quer viver?
- Seu trabalho dá um sentido mais profundo às suas necessidades espirituais ou valores comunitários?
- Os valores de sua vida profissional estão alinhados com os valores de sua vida doméstica?
- Você ficaria satisfeito em ganhar menos dinheiro se o trabalho que você faz estivesse mais alinhado com seus valores?
- De que forma você precisa de maior liberdade ou flexibilidade em seu ambiente de trabalho?
- Que recompensas intangíveis desejaria em troca ou além das atuais recompensas monetárias de sua carreira?

Capítulo 7

Controle

Leslie Ehm foi instrumentista, apresentadora de televisão e editora de roteiros, passando o início de sua carreira como membro de equipes altamente colaborativas e criativas. Isso a iluminou; alimentou sua alma. Então, ela foi para a publicidade, atraída pela criatividade ainda mais colaborativa — mas logo ficou frustrada. Seus colegas falavam muito; no entanto, ela não via isso se refletir em ação. Decidiu que, em vez de trabalhar em uma empresa criativa, queria ensinar as pessoas a serem criativas de forma colaborativa.

Leslie teve que descobrir como executar sua vocação de forma condizente com quem ela era, uma pessoa obstinada e intratável, com pouca formação em psicologia de treinamento. Assim, em vez de tentar fazer como os outros, ela decidiu criar um curso de treinamento que teria funcionado para ela, dividindo-o em pequenos passos, fragmentando o processo para que ele fosse tangível. E funcionou. Ela teve sucesso, indo além de seus sonhos mais loucos, até que se viu em um dilema: continuar a fazer o que estava fazendo, feliz e com sucesso ao longo de cinco anos, ou crescer, respondendo à demanda avassaladora que estava recebendo do mercado.

Não crescer não era uma opção viável para Leslie, uma mulher que estava sempre em busca do maior, melhor, mais rápido, do "mais". Estar satisfeita com o status quo não condizia com ela. Mas Leslie não podia imaginar mais ninguém fazendo o que ela fazia, do jeito que fazia, além dela mesma. Temia que se não pudesse replicar o que fez, então, a magia não era a propriedade intelectual que criou, era ela. Ela não queria ser "The Leslie Show", então pegou a Porta nº 2 e, aos poucos, foi contratando pessoal; e, ainda mais lentamente, os treinou.

O que aconteceu em seguida surpreendeu Leslie. Ela achava que o que gostava de fazer era o treinamento, ver os clientes iluminados quando tinham um momento de descoberta sobre o que ela estava ensinando. Mas também sabia que precisava de novos desafios para se manter ligada ao trabalho. Isso a levou à sua vocação mais plena: não apenas ensinar criatividade colaborativa, mas contratar pessoas e dar a elas uma chance de encontrar sua própria grandeza. Ela aprendeu que, para se sentir ilimitada, precisava ser capaz de controlar quem ela contratava, como treinaria essas pessoas e como elas se tornariam multiplicadoras excepcionais para entregar conhecimento a seus clientes. Quando teve esse controle, ela foi capaz de cumprir sua verdadeira vocação de trazer à tona a grandeza nos outros.

Por que precisamos de controle?

"Gostaria de andar naquela montanha-russa aterrorizante, de comprimento desconhecido, no escuro, por um número incerto de vezes, sem nenhuma garantia de que meu cinto de segurança funcionasse ou que os trilhos tivessem sido inspecionados nos últimos dez anos". Ninguém jamais diria isso.

Não tenho vergonha de dizer que não gosto de montanhas-russas, nem mesmo quando tenho certeza de que o cinto de segurança funciona e o certificado de inspeção está em dia. Sou uma maníaca por controle da maior magnitude. Entretanto, mesmo aqueles que gostam de procurar emoção em sua vida pessoal provavelmente precisam sentir que têm algum elemento de controle sobre seu trabalho.

A autonomia é importante. Na verdade, é tão importante que o grau de controle — sobre o trabalho que você faz, a equipe com a qual o faz e os projetos nos quais está envolvido — tem um impacto direto em seu desempenho no trabalho. Hoje em dia, os profissionais tendem a esperar mais autonomia e controle sobre seu trabalho. A tecnologia, em particular, abriu novas oportunidades para fazermos todo tipo de trabalho e de qualquer lugar — em nossos escritórios, em nossos carros ou do outro lado do globo.

Ter confiança em nosso nível de autodeterminação no trabalho nos permite controlar nosso mundo, sentir-nos protegidos e seguros e saber que temos opções. O controle é tão importante que vários estudos demonstram que profissionais têm mais probabilidade de aceitar um emprego que lhes oferece mais controle em vez de um emprego que lhes dá mais poder.[14]

Então, por que ainda sentimos que estamos limitados por nossa falta de controle? Por que temos dificuldade em conectar o que fazemos com quem somos? O que nos impede de influenciar a contribuição que o trabalho dá a nossas vidas? Isso começa quando aceitamos uma definição antecipada e talvez incompleta de quem devemos ser.

Autodescoberta

Mesmo que esteja sendo proativo ao ler este livro como parte de seu processo de se tornar ilimitado, deve saber que, como todos nós, você já está imerso em seu próprio caminho, há muito tempo. Você já tem se limitado.

Certamente, isso não é intencional. Não é que não saibamos para que lado seguir, mas é que estamos tentando construir um caminho adiante com base nas coordenadas que marcam onde já estivemos. Até agora, nosso objetivo tem estado distante.

14. Segundo pesquisa publicada em 2013 sobre autonomia e sua relação com os resultados do trabalho, como citado em Belle Beth Cooper, "The Key to Happiness at Work Isn't Money-It's Autonomy", Quartz, 4 de maio de 2016, <https://tinyurl.com/ya5zf9u4>.

Estamos dando um pequeno impulso ao processo de autodescoberta. Não deve ser surpresa que a maioria de nós tenha dificuldade em navegar em direção à harmonia. Nossa viagem para a autodescoberta já foi direcionada há muito tempo.

Seus professores provavelmente estavam errados

No colégio, você provavelmente foi ensinado a conseguir as "estrelas douradas", a obter boas notas e a brilhar em todos os níveis. Você não tinha voz em relação às habilidades que eram recompensadas; muitas vezes, aquilo pelo qual você era recompensado era diferente daquilo que você amava. E, é claro, tinha que ser bom em todas as disciplinas. Cérebro direito ou esquerdo, maldito seja! Você era apenas tão inteligente e tão valioso quanto a média de sua nota em cada disciplina. Não importava se amava números ou se ficava animado com as palavras; a especialização era irrelevante na quarta série.

Então, de repente, aos dezessete ou dezoito anos, lhe disseram para escolher uma faculdade, uma especialização, uma profissão, um caminho de vida. Você sabe o que isso tem de louco? Aos dezoito anos, seu lobo frontal — a parte do seu cérebro que determina uma boa decisão — ainda nem estava totalmente formado.

Em vez de escolher um caminho baseado no que nos torna especiais — do que gostamos, o que fazemos bem e no que brilhamos —, a maioria de nós é forçada a escolher nosso caminho mais cedo, com base em valores agregados por outros e em interesses que não são nossa vocação. Nossos professores jogaram fora opções de carreira baseadas em pouco mais do que informações anedóticas coletadas em um momento específico do tempo. Eles não tinham bola de cristal, e ainda assim nós interiorizamos suas noções como previsões, em vez de simples sugestões.

Se você ainda está vivendo com base em suposições de carreira distribuídas arbitrariamente há décadas, provavelmente é hora de colocar as mãos no timão, assumir o controle do barco e começar a traçar seu próprio rumo.

"Finja até chegar lá" é uma droga

Finja até chegar lá pressupõe que, se pretendemos nos tornar algo, eventualmente chegaremos lá. Bem, acho que isso é um monte de bobagem. Já notou que essa suposta sabedoria tende a ser oferecida por aqueles cujos melhores conselhos são *apenas se esforce mais*? "Fingir" não é o caminho certo para a autodescoberta, por duas razões.

Primeira: como você sabe o que quer fingir, quando não tem nenhuma ideia do que seria coerente com quem você é, com a forma como define sua vocação? Sem uma direção clara — um pequeno farol acenando e guiando-o —, modelar suas ações de acordo com esse propósito será quase impossível. Isso é especialmente verdade se ainda estiver seguindo as pistas em um dos caminhos profissionais que seu professor de álgebra alguma vez pensou que poderia ser adequado para você.

Segunda: enquanto estiver ocupado fingindo, você não terá a chance de baixar a guarda e se permitir praticar e falhar. Sem a oportunidade proporcionada pelo fracasso, não existe a chance de se recalibrar e recomeçar. Se estiver fingindo que já está no caminho certo, como vai expandir suas habilidades ou explorar suas opções?

Eu tinha 22 anos quando entrei na Casa Branca. Lembro-me de olhar ao redor e ver outros jovens brilhantes zumbindo pelo escritório, cheios de propósito, com jornais cheios de orelhas, escrevendo furiosamente suas ideias brilhantes em blocos de anotações bem na hora das reuniões. Então, fiz o mesmo. Eu lia os jornais de cabo a rabo, tentando absorver tudo. Sentava-me à mesa escrevendo notas sobre coisas que, na maioria das vezes, eram irrelevantes. O tempo todo eu sentia falta das conversas que aconteciam a meu redor, dos relacionamentos que deveria desenvolver, das informações que poderia ter. Estava me esforçando tanto para parecer inteligente que não estava realmente sendo inteligente.

Anos mais tarde, em minha própria empresa, me encontrava

em reuniões com clientes, observando meus funcionários tentando agir como eu, falar como eu, moverem-se como eu. Não funcionava para eles. Eles não eram eu, e por isso nunca seriam bons em ser eu. Isso não os fez fracassar, claro; apenas os fez fracassar na arte da imitação. Quando pararam de agir como eu e começaram a agir como eles mesmos, aprenderam a encontrar suas próprias vozes. Foi quando desabrocharam.

Quando construímos modelos de liderança que se baseiam em "finja até chegar lá", impomos limites ao nosso crescimento. Imitar os outros só abafa a própria marca de coragem. Você não pode aprender a ser confiante quando seu sucesso não é propriamente seu, e sim uma imitação do sucesso dos outros.

Não há atalho para descobrir e dominar a própria voz, explorar a própria harmonia e encontrar a vida que considera com um propósito.

Definindo qualidade

Como CEO da minha própria empresa de *executive search*, de vez em quando, os funcionários se perguntavam por que eu estava insatisfeita com o trabalho deles, mesmo quando o cliente parecia satisfeito.

"O cliente gostou, então qual é o problema?", perguntavam.

O problema era que nossos clientes não tinham recebido um bom trabalho das empresas que contrataram no passado. Era por isso que o taco estava em nossas mãos. Deveríamos ter descansado sobre nossos louros só porque nosso trabalho era cinco por cento melhor? Bem, isso não se encaixava na minha vocação, e certamente ficou aquém da minha ideia de contribuição. Eu queria construir uma empresa melhor do que essa e queria viver meus valores de fazer um trabalho de extrema qualidade. Nossos clientes não chegaram a decidir que o trabalho era "suficientemente bom", porque eles não tinham ponto de referência para medir o que era bom o suficiente.

Em nossa empresa, as métricas de excelência foram claramente articuladas. Era a minha empresa, e eu consegui estabelecer as regras. Como

CEO, eu estava no controle. Mas, em sua vida, você é o CEO de alguém: você. Você sabe quais são suas métricas de sucesso? E seu trabalho lhe permite ter controle sobre elas?

Quatro maneiras de ter controle do seu trabalho

Tara Diab começou a trabalhar em obras quando tinha doze anos, colhendo pregos, limpando lixo e pegando o que alguém pedia para ela pegar. Às vezes, os trabalhadores no canteiro de obras lhe mostravam o que estavam fazendo. Ela adorava tudo sobre isso. Era a vocação dela.

Como uma jovem carpinteira, Tara trabalhou para seu cunhado quando ele começou a desenvolver seu negócio de pisos comerciais. Uma das coisas que ele lhe ensinou foi que se, no final do dia, for possível olhar para trás e dizer: "É... Foi o suficiente", bem, é melhor ter tempo para voltar e fazer de novo, com um pouco mais de orgulho. Essa ética de trabalho seguiu com Tara.

O único problema foi que, quando os negócios do cunhado começaram a crescer, essa ética nem sempre foi compartilhada entre os funcionários. A empresa nunca vacilou no compromisso com a excelência, mas gerenciar funcionários que tinham uma atitude de "salário antes, perfeição depois" não era como Tara queria passar seu tempo. Não significava que os funcionários estivessem fazendo errado; mas não usavam o tempo extra para ajustar ao máximo.

Tara sentiu que não tinha controle o bastante sobre a qualidade do trabalho, e um modelo de negócio que a obrigou a comprometer-se entre tempo e talento a fez sentir-se menos conectada ao trabalho. Ela não tinha certeza de como seguir em frente. O trabalho não estava contribuindo para o tipo de pessoa que ela queria ser e para o tipo de vida que queria viver.

Então, o universo tomou uma decisão por ela quando a economia afundou e o negócio sofreu, forçando Tara a descobrir o que fazer em seguida. Ela aceitou trabalhos aqui e ali — qualquer coisa que lhe pagasse, seja pendurando quadros ou retocando armários. Viveu assim durante cinco anos, mês a mês, sem nunca ter certeza se conseguiria ou não sobreviver. Enquanto isso, trabalhava em seu próprio serviço de design de móveis personalizados. Por fim, esses bicos se tornaram trabalhos regulares; então, trabalhos maiores; até que finalmente ela pôde se sentir confiante no que a Diab Custom Design realmente era.

Agora, Tara dá as ordens, com a integridade que sentia faltar aos empreiteiros cujos negócios se tornaram tão grandes que perderam o controle da qualidade. Ela infunde essa integridade em tudo que faz, desde o relacionamento com os clientes até os aprendizes que contrata e treina — basta perguntar ao meu filho adolescente, que trabalhava para ela na construção civil durante o verão.

Tara tem sua vocação firme em mente; está conectada à forma como o trabalho constrói seu negócio; vê como a renda e a integridade contribuem para a vida que ela quer viver; e é capaz de controlar exatamente como o trabalho é feito. Seu serviço é sempre reservado com doze meses de antecedência, e ela trabalha o tempo todo, mas diz que nunca parece trabalho.

Então, como *você* pode ter mais controle — poder de ação para influenciar o nível de conexão e contribuição que seu trabalho lhe proporciona na busca de vocação?

Veja as falhas como suporte, não como fim

O medo do fracasso limita nossa capacidade de acertar, de determinar quem somos quando estamos em nosso melhor — para atingir o patamar de líder, quando somos o melhor de nós mesmos. Ao tentarmos evitar o fracasso, agindo como se soubéssemos o que estamos fazendo, manteremos esse padrão, em vez de efetivamente *agir* como se soubéssemos o que estamos fazendo. Não vamos aprender a fazer isso. Nem aprenderemos por que e como as coisas funcionam — ou se realmente achamos ou não esse trabalho significativo.

Ser bom em algo e encontrar propósito nisso não é a mesma coisa. Igualar os dois perpetua a busca vazia de algo que não importa para você. Em vez disso, permita-se falhar. Tente deixar de ver o fracasso como um final, como algo que o define. Em vez disso, comece a vê-lo como um ponto de apoio — um ponto de inflexão, a partir do qual você se torna ilimitado.

Você pode pensar que, se continuar fingindo, nunca falhará. Mas essa configuração o força a falar usando a voz dos outros e a agir usando os maneirismos de outras pessoas. Você tenta controlar tudo e acaba não controlando nada. Em vez de se agarrar mais firmemente às rédeas, precisa dar espaço para experimentar coisas novas, para o fracasso e para o feedback. Essa abordagem oferecerá uma maior percepção das áreas em que está em harmonia para que possa se concentrar no que realmente importa e se fortalecer.

Serena Williams, por exemplo, é uma das competidoras mais ferrenhas de todos os tempos na quadra de tênis (ou em qualquer esporte, aliás) e, ainda assim, na prática, ela não passa todo seu tempo praticando o que aperfeiçoou. Ela faz um pouco disso, é claro, para garantir o patamar no qual se encontra. Mas ao dedicar mais tempo ao que é desconfortável — corrigindo o que não está funcionando, indo fundo na dor e enfrentando seus fracassos —, ela garante que sempre sairá mais forte.

Cada um de nós pode fazer a mesma coisa e encontrar a própria harmonia ao longo da viagem.

Encontre seu estado-base de liderança

Pense numa época em que esteve no seu melhor — não apenas bem, mas realmente no seu melhor, indo a todo vapor, inspirando ação, fechando negócios, fazendo dinheiro. Ou pode ser um momento em que simplesmente esteve calmo, com um amigo, fazendo seu futuro cônjuge cair a seus pés ou sentado com um pai idoso e temeroso durante um procedimento médico inesperado. Isso é o que o professor Robert E. Quinn descreve, em um influente artigo da Harvard Business School, de 2005, como seu "estado-base de liderança".[15]

15. Robert E. Quinn, "Moments of Greatness: Entering the Fundamental State of Leadership",

Aquele momento de fluxo perfeito não precisa estar no local de trabalho. Mas precisa ser um momento em que você era invencível; no qual fazia bem tudo que era solicitado; quando estava plenamente presente e atendendo às necessidades do momento. Você estava ilimitado.

Ao pensar em tal momento, lembre-se das qualidades que exibiu, do nível de ruído que causou, do público a que se dirigiu, das habilidades que usou. Faça uma lista dessas evidências de sua liderança e registre-as em seu computador, ou as deixe na tela do seu telefone, ou coloque-as no painel do seu carro. Leia essa lista repetidamente. O lembrete constante transformará essas manifestações aleatórias de seu brilho em memória muscular, e você se encontrará vivendo a melhor e mais elevada versão de si mesmo.

Configure um ciclo de feedback

Muitos sentem falta de controle por causa de duas forças concorrentes: os gerentes frequentemente temem nos dar feedback, e, na ausência de informações confiáveis, nós criamos monstros. Aderimos a prioridades equivocadas no trabalho. Não sabemos em que melhorar. Ficamos andando em círculos. Poderíamos ser melhores — poderíamos fazer um trabalho que fosse intencional — se apenas alguém nos apontasse a direção certa.

Então, por que os gerentes odeiam tanto o feedback, e o que podemos fazer para corrigir isso para eles (e para nós)?

O feedback é, muitas vezes, um comunicado unidirecional, incômodo e aleatoriamente programado em momentos nos quais os projetos e processos em revisão são memórias distantes. Os erros mais recentes afogam os sucessos anteriores. Sua sessão de revisão parece fora do controle, o que não é bom.

É preciso retomar o controle desse processo, criando um ciclo de feedback. Sente-se com seu gerente. Faça uma lista de metas compartilhadas. Determine as prioridades do seu supervisor para o

---

Harvard Business Review, julho-agosto de 2005.

trabalho e solicite os recursos necessários para atendê-las, dentro do cronograma esperado. Em seguida, volte com frequência para discutir o progresso. Você terá um feedback mais frequente, mais relevante e mais oportuno, o que lhe permitirá controlar como o trabalho impactará sua carreira e seu crescimento salarial.

Marque uma reunião de "famigos"

Reúna seus "famigos" e compartilhe seus objetivos. Nunca ouviu falar de "famigos"? É a combinação de família com os amigos que agem como se fossem da família, aqueles que dizem tudo o que você precisa ouvir, da maneira como precisa ouvir. Os membros queridos dos famigos, sejam quem forem, serão o melhor espelho para refletir se o trabalho que está fazendo é importante.

Conte-lhes suas paixões. Mencione suas preocupações. Fale sobre suas metas de renda e de crescimento de carreira. Conte-lhes o que está atrasando-o. Compartilhe os valores que quer viver por meio do trabalho. E depois peça-lhes que o ajudem a garantir que seu trabalho seja compatível com seus objetivos, conforme os traçou.

Esse não é o conselho típico de "conselheiros pessoais". Essas pessoas — os mentores, os defensores e até mesmo os do contra — estão lá para ajudá-lo a navegar na carreira que deseja construir. O que você compartilha com seus famigos é mais pessoal, mais vulnerável do que isso. Mas tenha cuidado e esteja pronto. Quando fala com um jovem de quinze anos sobre o que é importante para você e o que o está impedindo, esse obstáculo se torna mais evidente — e rápido.

Perguntas para orientar sua busca por controle

O controle pode vir de várias formas, desde informações métricas de desempenho, passando por salário e benefícios, até o projeto do espaço de trabalho. Para alguns, o controle é a flexibilidade para gerenciar os encargos da geração sanduíche — aqueles que estão cuidando tanto de crianças pequenas quanto de pais idosos. Para outros, é ter uma palavra a dizer sobre os tipos de líderes com os quais trabalha. Talvez você busque controle direto sobre o quanto trabalha e quanto ganha, por meio de vendas e comissões. Ou talvez exija maior influência sobre seu ritmo de trabalho, que pode se parecer com uma montanha-russa ou com um carrossel.

Quando temos nossa vocação firmemente instaurada... quando podemos conectar o trabalho que fazemos para servir essa vocação... quando entendemos como esse trabalho contribui para a vida que queremos viver... finalmente, precisamos ter alguma habilidade para controlar como fazemos nosso trabalho.

Ao buscar o controle, considere as seguintes questões:

- Você quer ter mais voz nas decisões da empresa?
- Você sente como se sua opinião importasse?
- Você sabe o que faz bem e tem noção de como poderia fazer mais?
- Você consegue colocar as mãos nos recursos necessários para fazer seu trabalho?
- Que tipo de insumo tem nos projetos que lhe são entregues ou nas equipes com as quais trabalha?
- Você está habilitado a buscar feedback e orientação de diversas fontes?
- Você tem alguma capacidade de influenciar a quantidade de dinheiro ganho ou o número de horas trabalhadas?
- Quem são seus “famigos” e como você pode envolvê-los ainda mais no que é importante para você?

PARTE TRÊS

ENCONTRANDO SUA HARMONIA

Capítulo 8

Mudando sua carreira

Considero Dolly Parton minha própria coach de vida, mesmo que nunca tenhamos nos conhecido. (Ei, garota, se você estiver lendo isto: me ligue!)

Dolly tem esta frase famosa: "Descubra quem você é, e seja de propósito." E, de fato, você consegue pensar em outra pessoa no mundo que se saiu tão bem em descobrir quem era e fazer isso de propósito — sem pedir desculpas — do que Dolly Parton? Ela é praticamente a ilimitação encarnada.

Mas ao contrário de Dolly, a maioria das pessoas passa o tempo se voltando para as definições de sucesso dos outros, em busca das estrelas douradas que esperam ser dignas de receber. Então, medimos nosso valor com base no rumo que seguimos — quão alto pulamos, quão rápido corremos, quão precisamente seguimos as regras. Avaliamos nosso desempenho com base em quão bem executamos a versão de sucesso dos outros, em vez de o que realmente importa para nós.

Nós nos deixamos cair na armadilha de determinar nosso valor com base no que outras pessoas consideram valioso. Que porcaria é essa?! E não temos ninguém, além de nós mesmos, para culpar.

Então, o que podemos fazer a respeito disso?

Para começar, você pode ter uma conversa honesta consigo mesmo sobre quem você é quando está no seu melhor. Ser a ideia de sucesso de outra pessoa só o torna uma versão menor de si mesmo. Por outro lado, esforçar-se para cumprir sua própria definição vai obrigá-lo a ser mais do que esperava.

Dada a escolha entre menos e mais, escolho mais, sempre.

Dolly, com certeza, sabe ser mais: mais lantejoulas, mais maquiagem, mais silicone, mais acrílico, mais látex, mais do que quer que esteja naquelas perucas. É quem ela é, e está vivendo isso com cada fibra (natural ou não) do seu ser. Veja quantas estrelas douradas (e discos de ouro) ela tem arrebatado.

É aqui que descobrimos o poder de nos tornar ilimitados. Quando aparecemos para trabalhar vestindo roupas de outras pessoas, fingindo ser algo que não somos, fingindo até onde conseguimos, estamos nos constrangendo. Estamos em desacordo conosco.

Para Dolly, por mais maravilhosa que ela seja, não faz sentido cantar a ária de Carmen na Ópera Metropolitana de Nova York. Ela sabe quais holofotes brilham melhor em suas tranças loiras, e isso lhe dá uma harmonia que não pode ser batida (mesmo por Jolene). Ela pode ser inteira, maravilhosa e audaciosamente Dolly.

Para encontrar harmonia, entenda quais holofotes brilham melhor em você — quando sua energia está alinhada com suas tarefas, quando seus objetivos estão alinhados com os resultados que deseja, e quando pode ser, como Dolly, total, maravilhosa e audaciosamente você mesmo. E não é possível fazer isso sem alguns dos quatro elementos fixos de vocação, conexão, contribuição e controle.

Até agora, este livro tem focado esses elementos e de quanto de cada um dos quatro você precisa em sua vida para que possa estar em harmonia e se tornar ilimitado. Agora, vamos considerar se sua solução requer mudar sua carreira (este capítulo), mudar seu local de trabalho (capítulo 9) ou mudar a si mesmo (capítulo 10).

Encontrando harmonia no setor sem fins lucrativos

Mudar sua carreira pode proporcionar a satisfação de uma mudança radical, que nos lembra de que temos poder de ação sobre o que percebemos como nossos limites. A mudança de carreira mais radical e que visa a uma mudança de propósito é virar sua carreira de cabeça para baixo e seguir numa direção completamente diferente: a transição do trabalho corporativo para o sem fins lucrativos.

Uma crise de harmonia — *odeio meu trabalho! Algo está faltando! Isso é tudo que existe?* — é, muitas vezes, alimentada pela falta de vocação. Quando isso ocorre, nos dirigimos para a terra do propósito. Cercar-nos de outros que exigem mais vocação pode reforçar a nossa conexão, bem como a contribuição.

Eis a boa notícia: o crescimento do setor sem fins lucrativos superou o dos setores privado e governamental nos últimos trinta anos.[16] E como todos no setor empresarial sabem, crescimento significa oportunidade. Mas de onde vem esse crescimento e o que ele significa para a mudança de carreira?

Um novo cenário para talentos e financiamentos

Em 2006, o grupo de consultoria sem fins lucrativos Bridgespan publicou um estudo de agitação setorial prevendo um êxodo em massa de executivos, os *baby boomers*, responsáveis pela criação e liderança

16. De acordo com a associação sem fins lucrativos Independent Sector, entre 1987 e 2005, apesar do atraso no investimento em infraestrutura e desenvolvimento de talentos, o número de organizações sem fins lucrativos nos Estados Unidos cresceu quase o triplo do índice do setor empresarial. Ainda mais impressionante é que o emprego no setor sem fins lucrativos cresceu 2,6 por cento durante 2007-2008, o primeiro ano da recessão, enquanto o emprego no setor corporativo encolheu 1,1 por cento. O emprego sem fins lucrativos cresceu novamente em 1,2 por cento em 2008-2009, enquanto o corporativo encolheu 6,2 por cento. Philanthropy News Digest, "Growth in Nonprofit Employment Outpaces Rate in Private Sector", 27 de maio de 2004, <https://tinyurl.com/yaszhp4l>.

de muitas das organizações sem fins lucrativos do país. O setor teve que enfrentar um novo cenário de talentos, investindo em capacidade de liderança, refinando as recompensas de gestão para atrair e reter os melhores talentos, expandindo os horizontes de recrutamento, ao mesmo tempo em que fomentava a mobilidade na carreira individual. As organizações sem fins lucrativos começaram a se dedicar coletivamente ao trabalho; então, a crise do subprime imobiliário chegou, e muitos dos que se aposentariam em breve optaram por voltar ao trabalho.

À medida que o mercado ganhava força, o ritmo esperado de transição de executivos sem fins lucrativos também se recuperava, produzindo ondas de rotatividade de liderança sem paralelo na história do setor e deixando as organizações sem fins lucrativos se depararem com gestores experientes. Mais do que causar mudanças no topo, esse vácuo de liderança criou um efeito em cascata, enviando ondas semelhantes de rotatividade em todos os níveis do organograma — e anunciando uma oportunidade sem precedentes para aqueles que buscam a transição do trabalho corporativo para o trabalho sem fins lucrativos.

Somando-se a essa tendência encorajadora, há uma grande mudança na captação de recursos sem fins lucrativos na forma de dois novos tipos de financiadores. O primeiro é o de milionários de tecnologia filantrópica, ativistas que podem fazer doações sísmicas transformadoras. O segundo tipo de doadores são os millennials, que doam individualmente, mas somente após uma pesquisa minuciosa na internet sobre onde suas doações podem causar o maior impacto. Ambos estão pressionando as organizações sem fins lucrativos a pensar mais em métricas do que nunca.

Como resultado dessas mudanças demográficas, as organizações sem fins lucrativos começaram a olhar cada vez mais para o setor corporativo, a fim de recrutar gerentes orientados por valores e contadores de histórias baseados em dados para satisfazerem suas necessidades de talentos e, em última instância, seus doadores. Talvez isso inclua você.

Acolhendo candidatos corporativos

Com a multiplicação das necessidades de pessoal das entidades sem fins lucrativos e a mudança de mentalidade dos financiadores, a contratação de funcionários corporativos para o setor — em todos os níveis — tornou-se uma prática comum. Ao longo da minha carreira de recrutamento, vi um número crescente de solicitações, ano após ano, especificamente para candidatos em transição do mundo corporativo.

As organizações sem fins lucrativos hoje são mais flexíveis quanto aos tipos de candidatos que recrutam e mais abrangentes quanto às habilidades que eles trazem consigo. Candidatos com experiência em ambientes de crescimento rápido, experiência em gestão nutridora e orientada a resultados, e um histórico de preparação ativa do pessoal interno prosperam no setor sem fins lucrativos. Isso soa familiar, não soa? Descreve adequadamente, em grande parte, os candidatos a empregos do setor corporativo, que não só têm as habilidades necessárias, mas procuram combinar o que fazem com quem são.

Dave Swensen foi pioneiro neste tipo de transição, décadas atrás, muito antes de ser a norma no setor sem fins lucrativos. Filho e neto de professores universitários, Dave estava na Universidade de Yale, obtendo seu doutorado em economia e assumindo que, uma vez terminada sua tese, lecionaria no mercado de títulos corporativos. Mas então a Salomon Brothers, onde ele havia reunido grande parte dos dados para o trabalho de tese, ofereceu-lhe um emprego.

Foi um momento emocionante em Wall Street, com um novo grupo de profissionais de espírito quantitativo revitalizando o mercado de títulos outrora sonolento, e a Salomon Brothers foi o epicentro dessa nova onda. Fascinado pelo apelo intelectual de fazer parte desse tempo inovador nos mercados financeiros, Dave aceitou o trabalho. Ainda assim, sentiu falta de Yale e pegava uma turma por ano.

Percebendo essa atração pela universidade, o reitor pediu a Dave que assumisse a gestão de doações da instituição. A oferta veio com um corte de oitenta por cento no salário, mas Dave viu uma oportunidade de servir a uma instituição que ele amava, enquanto empreendia um desafio intelectualmente gratificante: reformular a abordagem tradicional da gestão de investimentos institucionais.

Nesse novo papel, Dave foi capaz de aplicar as habilidades e conhecimentos de Wall Street para enfrentar problemas igualmente interessantes, em um ambiente acadêmico, gerando recursos para sua amada *alma mater*, enquanto revolucionava completamente a forma como as instituições administram seus portfólios.

Vindo do setor corporativo, Dave não apenas moldou um espaço onde pôde colocar suas ideias em prática, seguindo sua forte bússola moral, mas desenvolveu uma filosofia e um estilo de gestão que hoje é considerado o padrão-ouro em seu setor. As doações em Yale cresceram de um bilhão de dólares para mais de 29 bilhões de dólares, aumentando muito o apoio financeiro para a missão da universidade. Agora as doações cobrem mais de um terço dos gastos operacionais, mais de dez por cento de quando Dave assumiu a frente.[17]

Tudo começou com a vocação de Dave para Yale, sua conexão com o trabalho que estava fazendo, a contribuição para esse trabalho que lhe permitiu viver seus valores e sua habilidade de controlar como o trabalho era feito.

* * * * *

Como discutimos ao longo deste livro, a transição de um trabalho corporativo para um sem fins lucrativos é um excelente caminho para alguns. Mas não é o único. Para outros, cuja personalidade, mentalidade ou economia não se alinha, o trabalho no setor sem fins lucrativos pode até ser um erro. O que importa é que sua escolha se alinhe com suas motivações e objetivos. Esse senso de propósito compartilhado com

17. Marc Gunther, "David Swensen's Guide to Sleeping Soundly", Yale Alumni Magazine, março/abril de 2009, <http://archives.yalealumnimagazine.com/issues/2009_03/swensen.html>.

pessoas cujos caminhos profissionais são paralelos aos seus cria uma solidariedade que leva a mais produtividade e satisfação a longo prazo. Você pode encontrar isso no trabalho sem fins lucrativos, ou isso pode significar uma mudança para o mundo corporativo — ou dentro dele.

Encontrando harmonia no mundo corporativo

E se sua transição de carreira for motivada por um desejo avassalador de mais vocação, mas você não tiver um temperamento ou conjunto de habilidades que funcione bem no setor sem fins lucrativos? Fique tranquilo, ainda há muitas maneiras de criar impacto social, mesmo sem comprometer seu próprio valor econômico ou seu nível de conforto no ambiente operacional. Isso significa mudar o papel que você desempenha em sua empresa atual ou encontrar uma empresa (como a minha empresa de pesquisa) que seja voltada para a causa, mas com foco no lucro.

"Faça o bem" enquanto "faz bem"

Laura Acosta estava em um retiro de liderança dirigido por seu escritório de advocacia quando percebeu que precisava de uma mudança. Ela e seus colegas estavam sendo submetidos a um exercício de afinidades. Seus resultados a faziam lembrar que o que ela gostava e fazia melhor era trabalhar com as pessoas em seus esforços de desenvolvimento profissional. O problema era que, na época, ela estava enterrada em uma carreira de litígio de títulos, trabalhando com casos típicos de ações coletivas: queixosos sem nome e sem rosto de um lado e uma grande empresa do outro. Laura não tinha nenhuma conexão entre o trabalho que fazia e o resultado do processo para os demandantes. Não havia nenhum componente humano.

Então, o pai dela, que sempre foi o retrato da saúde, adoeceu. Depois de apenas seis meses, ele morreu. Laura sentiu a necessidade de amar o que fazia, mas em seu emprego, simplesmente não era possível. O trabalho a mantinha de plantão o tempo todo e a levava para longe da família com frequência. Ela sabia que não poderia continuar no litígio de títulos, mas não estava qualificada para fazer parte da equipe de desenvolvimento profissional do escritório. Mesmo assim, ela amava a empresa, era a provedora da família e não queria sair.

Em vez de mudar de empresa, Laura criou um lugar melhor para si mesma em sua empresa. Ela deu passos internos, primeiro na área de direito trabalhista do escritório, na qual explorou sua paixão pela diversidade e assessorou seus clientes em questões de diversidade corporativa. Em seguida, o emprego dos seus sonhos surgiu: gerenciar a diversidade dentro de seu próprio escritório. Agora, ela constrói e implementa o desenvolvimento profissional dos membros do escritório, incutindo a diversidade e a inclusão nas práticas empregatícias.

Nesse trabalho, Laura é capaz de cumprir sua vocação de trabalhar com diversidade, inclusão e desenvolvimento profissional. Ela tem controle sobre o próprio tempo, trabalhando em casa, em vez de trabalhar a noite toda. E gosta da contribuição de viver seus valores, sem ter que sacrificar a renda ou os benefícios concedidos pelo grande trabalho empresarial. Ela vê uma conexão direta entre o trabalho que faz e os resultados da empresa, e não está mais limitada pela falsa escolha entre fazer o bem e fazer bem.

Busque empresas com coração

Em 2015, Shawn Askinosie virou as costas a uma carreira de sucesso como advogado de defesa criminal para iniciar uma fábrica de chocolate, que abastecia cem por cento dos fazendeiros locais ao redor do mundo. A missão de sua empresa: servir aos fazendeiros que cultivam grãos de cacau, ter um grande comércio de chocolate e tornar o mundo um lugar melhor.

A Askinosie Chocolate alimenta de forma sustentável 1.600 estudantes por dia, na Tanzânia e nas Filipinas, com base apenas na renda obtida por meio da compra de fazendeiros locais. Shawn não é apenas um Willy Wonka da vida real; ele é o Willy Wonka da responsabilidade social corporativa.

Se você sente fortemente que seu trabalho deve refletir os valores de sua vida, mas quer permanecer dentro do mundo corporativo, buscar uma posição em um negócio socialmente responsável é uma alternativa promissora. Empresas com coração consideram substancialmente não apenas o valor econômico, mas também a missão social.

Responsabilidade social corporativa — usar materiais ecologicamente sustentáveis e insistir em práticas justas de trabalho, por exemplo — pode significar a redução de alguns lucros em troca de fazer o que é certo. As empresas que praticam o que pregam têm o que, às vezes, é considerado um "duplo resultado": responsabilidade tanto com o acionista quanto com a causa.

Muitas vezes, a missão social eleva o perfil do negócio, elevando, por sua vez, o valor econômico. As empresas com carteiras socialmente responsáveis também encontram maior capacidade de reter funcionários e alinhar os requisitos de gestão e diretoria às exigências dos acionistas. Como um bônus importante, elas podem criar fidelidade à marca, por razões que superam e vão além da qualidade do produto.

Seja em uma empresa fundada sobre princípios de valor social ou outra que só recentemente internalizou a responsabilidade social corporativa como parte de sua missão e visão, ambas podem ser o lugar certo para você, desde que elas sejam capazes de transformar sua busca de propósito em uma proposta de emprego para funcionários potenciais.

Aqui estão apenas alguns exemplos em várias indústrias:[18]

- Bens de consumo: Eileen Fisher, Procter & Gamble, The Body Shop
- Alimentos: Ben & Jerry's, Newman's Own, Stonyfield Farms
- Finanças: The Calvert Group, NorthStar Asset Management,

18. Mais exemplos podem ser encontrados em Business for Social Responsibility <www.bsr.org> e em Social Venture Network <www.svn.org>.

Putnam Investments

- Serviço: Bright Horizons, United Parcel Service, Working Assets

Depois, há as empresas que se empenham totalmente no negócio de seus funcionários, usando as alavancas econômicas à sua disposição para arquitetar socialmente o mundo que gostariam de ver. Para algumas empresas, essa abordagem pode significar a elaboração de políticas de recursos humanos que sejam tão universalmente aceitáveis quanto pagar aos funcionários para pararem de fumar ou perderem peso, promovendo assim uma cultura, em geral, mais saudável. Outras empresas levam isso ainda mais longe, tornando-se ainda mais ativistas no que se refere à alocação de seus lucros.

Existem empresas assim em ambos os extremos do espectro político. O Hobby Lobby citou os valores cristãos de seus fundadores ao retirar a cobertura de abortos da política de saúde dos funcionários e levou a luta para manter esse direito até o Supremo Tribunal Federal. A WeWork, um dos espaços de *coworking* que mais cresce, anunciou em 2018 que não mais reembolsaria refeições que incluíssem carne. Não importa onde esteja, você pode encontrar uma empresa que permita que seu trabalho contribua para sua harmonia, dizendo muito sobre quem você é.

Considere a filantropia corporativa

A filantropia corporativa oferece outra oportunidade para as empresas exibirem seus valores, como faz o McDonald's, com a Ronald McDonald House Charities. Empregos nessa área podem ser encontrados em fundações de empresas, nos escritórios de relações externas de executivos-chefes ou onde menos se espera.

Toni Schwarzenbach Burke não tinha interesse em mudar de carreira. Ela foi diretora-executiva da City Year San José, uma organização sem fins lucrativos que coloca voluntários em escolas de baixo desempenho para criar ambientes de excelência e melhorar os resultados dos alunos. Toni estava sentadinha e comportada após ter acabado de completar uma campanha de captação de recursos. Então, Bill McDermott, diretor-executivo da corporação multinacional de desenvolvimento de software SAP, pediu-lhe para se juntar à sua equipe, como chefe de assuntos externos para o escritório do CEO.

Toni nunca tinha pensado em trabalhar no mundo corporativo, mas essa oferta parecia boa demais para ser recusada. Ela dividiria seu tempo entre garantir o impulsionamento do CEO e a liderança de pensamento, mudança de políticas e apoio da comunidade. Com o novo cargo, veio um lucrativo salário corporativo. Determinar se a posição fazia ou não sentido para ela exigia que Toni questionasse sua certeza sobre o que lhe dava propósito. Ela poderia estar a serviço de uma função fora de uma organização sem fins lucrativos? Será que encontraria harmonia no mundo corporativo?

No final, Toni disse sim. Hoje, ela não está mais limitada pelo seu salário como executiva sem fins lucrativos. Seu trabalho não só lhe permite continuar em uma vida de serviço social, mas contribui para sua capacidade de cuidar de sua jovem família e de seu pai, que está envelhecendo. Agora Toni também está satisfeita por poder oferecer pessoalmente apoio financeiro às causas que ama.

A posição de Toni também lhe permite direcionar recursos, tanto intelectuais quanto financeiros, da SAP para essas importantes causas. Ela vive os valores em que acredita, colocando o CEO, um líder que a inspira, em salas onde pode apoiar mudanças políticas que condizem com quem Toni é e se esforça para ser. Mesmo que ela não consiga ver crianças entrando em suas escolas no City Year todas as manhãs, Toni pode se conectar de diferentes maneiras, já que é voluntária para orientar o novo diretor-executivo e a equipe de liderança da organização, ao mesmo tempo em que faz a diferença globalmente com a SAP.

Alinhar-se a uma empresa que manifesta seus valores por meio da filantropia é um caminho direto para cumprir sua vocação, conexão e contribuição, ao mesmo tempo em que também lhe dá controle.

Abrindo a caixa de ferramentas

Se decidir que precisa mudar de carreira, não se preocupe. Nem tudo está perdido. Você tem habilidades, educação e treinamento que serão transferidos para sua nova carreira ou para seu novo setor. Vamos explorar cada uma delas e considerar como você poderá utilizá-las para se tornar ilimitado.

Habilidades transferíveis

Quais de suas habilidades são transferíveis? Isso depende um pouco do seu campo e da sua posição nesse campo, mas a resposta simples é: todas elas. Toda habilidade que você usa em sua situação atual de trabalho pode ser usada em trabalhos que são mais importantes para você.

É possível, até mesmo provável, que você precise adquirir algumas novas habilidades para participar plenamente do novo papel que gostaria de desempenhar. Mas na maior parte do tempo você vai descobrir que já tem o que é preciso para começar. Se sua caixa de ferramentas inclui habilidades difíceis, como gerenciamento ou conhecimento da lei, ou habilidades mais suaves, como empatia e organização, não é algo tão significativo assim. Transferir suas habilidades está menos relacionado à mudança de conteúdo e mais à mudança de contexto.

Embora precise aprender algumas novas regras ou pontos tecnológicos — dependendo do escalão fiscal de sua empresa —, a maioria das funções de operação, administração e finanças é facilmente transferível. Para fazer trabalho de captação de recursos e advocacia, você pode ter que se ajustar a algumas diferenças legais em torno do código tributário. Mas, em sua maioria, essas habilidades práticas serão facilmente direcionáveis para o novo trabalho que você procura.

Outras habilidades, como construção de comunidades e desenvolvimento de fundos, podem ser transferidas após um certo refinamento.

Carisma, confiança e persuasão não conhecem nenhum limite fiscal ou organizacional. Vender ações pode não ser o mesmo que levantar dinheiro para uma organização sem fins lucrativos — obter recompensa cármica requer uma tática diferente de prometer margens de lucro —, mas, em cada caso, o fundamento é o mesmo: faça a pesquisa, organize, pergunte e siga.

Habilidades que dependem muito de experiência no assunto são muito mais difíceis de serem transferidas, mas este ainda não é um caminho impossível. Por exemplo, um diretor de marketing voltado para a venda de equipamentos educacionais pode ser capaz de trazer uma aljava cheia de flechas funcionais e subjetivas para um trabalho de arrecadação de fundos para uma associação de escolas independentes.

Por outro lado, um oftalmologista trará um profundo conhecimento da comunidade médica e esforços para apoiar crianças cegas, mas uma vida inteira de experiência clínica não será útil na tentativa de orçar, lidar com financiadores ou assinar comunicados à imprensa. Essas habilidades devem (e podem) vir de outros lugares. Nesses casos, considere um meio-termo. Por exemplo, o oftalmologista poderia destinar uma parte de sua prática para atender a pacientes de baixa renda.

Educação formal

Se não tem uma grande experiência profissional, sua educação formal determina o que, substancialmente falando, você é qualificado para fazer. Isso envolve toda sua experiência no assunto. Para aqueles que acabaram de terminar os estudos ou que têm um breve histórico profissional, a educação é de suma importância e será considerada fortemente pelo gestor de contratação. O que você sabe é importante e, neste ponto, o que você sabe se deve principalmente à sua escolaridade.

Para aqueles que estão no mercado de trabalho há um pouco mais de tempo, a educação é apenas uma parte da equação. Em alguns casos, como na medicina ou no direito, um diploma formal é um requisito do Estado. Os assistentes sociais e professores devem ser licenciados, e os comerciantes de ações e contadores devem ser aprovados em determinados exames. (Afinal, não somos selvagens.) Em outros casos, como na captação de recursos ou na gestão de associações, um diploma ou certificado não é uma exigência, mas proporciona um diferencial contra outros candidatos.

Em algumas funções, um conhecimento profundo e substancial do trabalho que está sendo feito é vital para o sucesso de um candidato. Isso costuma ser confirmado por uma longa carreira na área, especialmente nos casos em que a obtenção de mais educação não é realista. É improvável que você entre na faculdade de medicina quando tiver 45 anos, embora certamente isso já tenha sido feito. Se trabalha em direito ou finanças, provavelmente não vai decidir fazer um doutorado em oceanografia para trabalhar na Fundação Jacques Cousteau (por mais divertido que isso possa parecer).

Em outros casos, títulos que ensinam habilidades, e não especialização em disciplinas — como programas de gestão sem fins lucrativos, captação de recursos, contabilidade e operações, ou certificados em empreendedorismo ou em profissões da área da saúde ou esporte (como instrutores de ioga) —, são facilmente alcançáveis e fazem sentido estrategicamente. É apenas uma questão de determinar se o investimento de tempo e dinheiro dará o retorno que você procura, seja ele cármico ou financeiro.

Treinamento no trabalho

Muitos candidatos a emprego receberam treinamento suficiente no trabalho para escrever uma tese de doutorado sobre as atividades que realizavam. Mesmo que isso seja verdade em sua vida profissional, você provavelmente não percebe o quanto aprendeu ao longo do caminho. Descobrir o quanto de experiência adquiriu e absorveu exige um pensamento crítico sobre o lugar de onde você veio, suas expectativas iniciais em relação à sua trajetória de carreira e onde você terminou.

- O que você esperava obter de sua carreira? Você conseguiu?
- O que mudou ao longo do caminho?
- O que você faz agora que nunca imaginou que faria?
- Sobre o que você sabe mais agora do que quando você começou este trabalho... ou o último... ou o anterior?

Ao mergulhar profundamente em sua memória (e em seu currículo) considerando perguntas como essas, não se esqueça do serviço comunitário, voluntariado ou intercâmbio que fez. Cada um de seus dias trouxe uma lição, e cada lição, de alguma forma, é valiosa para sua busca de emprego.

Que lições você aprendeu ao longo do caminho?

Capítulo 9

Mudando seu local de trabalho

Quando fundei minha empresa, eu tinha um bebê de seis semanas nos braços. Por que naquele momento? Por que não em qualquer outra ocasião da minha vida, muito mais manejável? Esse momento decisivo chegou quando recebi um telefonema de alguém que eu conhecia dos meus velhos tempos de Casa Branca.

"Ei, ouvi dizer que você teve um bebê", disse ela. "Isso é ótimo e tudo, mas... hum, o diretor-executivo da minha empresa sem fins lucrativos acabou de sair. Você ainda trabalha com *executive search*?"

Alguns meses antes, tivera meu momento de fúria empregatícia, saí bufando porque o trabalho não estava funcionando para mim. Eu estava disfarçando meu desemprego de licença-maternidade. Claro, eu sabia como fazer *executive search* e ainda queria fazê-lo. Mas não tinha um meio para isso.

"Bem, sim", disse, pois todas as grandes aventuras começam com um pouco do desconhecido. Então, me esforcei para montar um site, um contrato e um plano de negócios que conciliasse com a maternidade. Eu mesma construí o site e ouso dizer que ele ficou melhor do que o plano de negócios — apesar de a referência não ser das melhores.

Anos mais tarde, quando comecei a ser convidada para dar aulas de empreendedorismo, sempre me faziam a mesma pergunta:

"Quanto tempo você demorou para montar seu plano de negócios?"

Para os alunos que olham para a "eu de hoje" — a altamente organizada, bem-sucedida CEO de uma empresa de *executive search*, com um portfólio global (e, até então, um site profissional e um terno que não estava forçando as restrições da física) —, parecia que meu caminho sempre tinha sido suave, o que estava longe de ser o caso.

Minha resposta à pergunta sobre quanto tempo levou para eu escrever meu plano de negócios foi pedir um pedaço de papel para que pudesse escrever meu plano ali, naquele momento.

"Veja, eu nunca tive um plano", eu expliquei. "Eu só tinha negócios".

Tive muita sorte com aquele primeiro trabalho, mas sabia que, se houvesse um segundo, um terceiro ou um quinquagésimo trabalho, eu precisaria me virar como uma louca para fazer acontecer. Eu tinha esse alienzinho em meus braços, e ele parecia precisar de mim para tudo, mas meu desejo de viver o meu valor por meio do trabalho profissional não tinha mudado. O que mudou, no entanto, foi a importância que dei a certos elementos do meu trabalho. Eu tinha um novo entendimento do que me traria harmonia.

Para mim, a flexibilidade, de repente, se tornou muito mais importante do que os números do meu salário. A contribuição que meu trabalho proporcionava estava mais relacionada ao modo como eu poderia viver minha vida do que ao que poderia comprar. Em vez de uma abordagem unilateral, buscando missões de clientes que me atraíam, minha nova vocação era fundar um negócio que fizesse bem ao mundo, para clientes que valorizassem meu trabalho.

O controle tornou-se fundamental. Programar aquelas chamadas de conferência para a hora da soneca era um sonho. Eu estava tão cansada o tempo todo, que não tinha nenhuma energia sobrando para trocar o *mindset* entre meu eu profissional e meu eu pessoal. Eu absolutamente tinha que estar em harmonia. E, para viver em harmonia, criar minha combinação exata de vocação, conexão, contribuição e controle era obrigatório.

Talvez você, como eu, ame seu trabalho, mas ache seu local de trabalho limitado. Talvez o próprio trabalho seja inspirador, estimulante, gratificante — mas o ambiente em que está trabalhando é completamente o oposto.

Para mim, mudar meu local de trabalho significava caminhar sozinha. A iniciativa de fundar minha própria empresa partiu da minha noção anterior do que significava o sucesso, até aquele ponto, e decidir, então, o que ele significaria a partir de então. Para você, isso pode significar caminhar sozinho — ou ficar onde você está, mas com algumas alterações importantes.

É natural desejar ter algum controle sobre o trabalho que você faz, as pessoas com quem o realiza e os projetos para os quais está designado. Você quer saber que tem voz em seu próprio destino e algum poder de decisão sobre a forma como gasta seu tempo. Você quer sentir uma conexão direta entre suas tarefas diárias e o problema que está tentando resolver ou a conclusão à qual está tentando chegar.

Com as mudanças certas em seu local de trabalho, você poderia sentir muito mais propósito em seu trabalho. A transformação no ambiente de trabalho pode assumir várias formas: desde pressionar por modificações internas até a saída para continuar o mesmo tipo de trabalho como consultor ou autônomo.

Cuidados internos

Nicky Goren é o CEO da Meyer Foundation, que faz doações para organizações sem fins lucrativos na grande Washington, D.C. A fundação estava procurando mudar sua estratégia de doação para financiar mais esforços de diversidade. Mas Nicky sabia que, antes que a fundação pudesse financiar mudanças externas, tanto ela quanto sua equipe tinham trabalho a fazer internamente. Ela encarregou todos, desde os funcionários de bastidores até os executivos seniores, a participar de programas que garantissem um entendimento de equidade e inclusão, para que o trabalho estivesse ligado à sua vocação, e, assim, contribuísse para os valores que queriam viver individualmente.

Você também pode descobrir que o caminho para sua vocação é dificultado pela falta de conexão ou contribuição. Talvez note que tem menos controle sobre o trabalho. Pergunte a si mesmo: você está se sentindo perdido em relação à importância de seu trabalho porque, na verdade, ele não importa? Ou é porque a solução que você está buscando não o está ajudando a progredir?

Se seu problema é o primeiro, provavelmente precisará cerrar os dentes e saltar para uma nova situação de trabalho; pode ser um movimento vertical ou horizontal, para uma empresa ou um setor diferente, como discutido antes. Por outro lado, se não tem as linhas de visão dentro de sua organização para conhecer ou implementar sua utilidade, você pode apenas fazer perguntas — e dar esse primeiro passo para se tornar ilimitado.

Faça perguntas

Josh Bernoff passou quinze anos na Forrester Research fazendo trabalhos que ele adorava: pesquisar e escrever relatórios sobre o futuro da tecnologia, fazer análises especializadas de estratégia de negócios e depois ensinar outros a fazer o mesmo. O que ele mais gostava eram as ideias e seu potencial. Mas quando a Forrester começou a seguir uma nova direção — que teria colocado Josh em um papel que ele achava menos interessante —, ele fez *lobby* internamente para a criação de uma nova posição. A pesquisa e destilação da Big Idea foi o que sempre inspirou Josh, então você pode imaginar o quanto ele gostou de se tornar o vice-presidente sênior de desenvolvimento de ideias e passar os próximos cinco anos identificando, desenvolvendo e promovendo as mais poderosas e influentes ideias da Forrester.

Muitas pessoas assumem que seu local de trabalho é imutável. Mas há sempre uma chance de sua organização estar aberta às mudanças que você procura — caso saiba fazer *lobby* corretamente. Às vezes, tudo o que é preciso para defender a si mesmo é sair do seu cubículo de vez em quando.

Pergunte se um supervisor tem tempo para responder a algumas perguntas. Encontre uma maneira de ir a uma reunião ou duas. Pergunte cedo e pergunte frequentemente.

É a única maneira de conseguir o que precisa, especialmente em um local de trabalho no qual se sinta estagnado. Como bônus, seu chefe provavelmente verá esse entusiasmo como sinal de investimento na empresa e do desejo de intensificá-lo. Ele ou ela poderá fazer com que você se sinta cada vez mais envolvido, o que poderá resolver o problema e ajudá-lo a encontrar a harmonia novamente — sem nunca deixar seu cargo atual.

Você pode precisar ser ousado ao fazer exigências no local de trabalho, como sugerir uma nova linha de negócios que gostaria de liderar ou, como Josh fez, um portfólio de trabalho que gostaria de supervisionar. Fazer pressão para a mudança também pode significar o uso da tecnologia para trazer conexão, contribuição e controle à sua busca de harmonia. Trabalhar em casa, por exemplo, pode lhe permitir concentrar seus esforços longe de um local de trabalho limitado ou desconfortável — ou libertá-lo para contribuir com mais horas faturáveis para os clientes, em vez de passar esse tempo em um trajeto longo e incontrolável. Ou você pode pedir um investimento para o desenvolvimento profissional, a fim de controlar como o trabalho contribui para sua trajetória profissional, ou um alinhamento com a caridade, para que possa viver melhor os seus valores através do trabalho.

Fazer perguntas pode mudar sua vida, então seja corajoso! Lembre-se: não é que seu empregador não queira oferecer algo novo no trabalho; é mais provável que ele ou ela simplesmente não tenha pensado nisso — ou não soubesse que você estava interessado.

Segure as rédeas

June Smith trabalha em uma organização sem fins lucrativos, em Nova York, que orienta e treina especialistas para assumir posições de liderança de pensamento em suas áreas. Ela assumiu o cargo logo após se graduar na faculdade, sentindo a vocação para uma missão ousada: capacitar novas vozes para participarem do debate público, e sua líder era uma dinâmica empreendedora social.

Em seu primeiro ano, June trabalhou duro para se desafiar, assumindo projetos ambiciosos e colaborando com a liderança sênior da organização. Ela recebeu um feedback informal positivo, mas, sem uma avaliação formal sobre seu desempenho, June ficou em dúvidas sobre como seu trabalho era recebido e, finalmente, como ele se ligava à sua desejada trajetória de carreira.

Depois de insistir por um feedback e ser deixada de lado repetidamente, June fez suas próprias anotações e reuniu sua equipe para discutir seu futuro na organização. Ao longo desse processo empreendedor e sincero, ela aprendeu que seu local de trabalho é um ambiente no qual os empreendedores prosperam e a autoadvocacia é o caminho para vencer. A chave para iniciar a conversa foi agir e, nesse caso, avaliar seu próprio desempenho e compartilhar sua visão de futuro.

June entrou no ano seguinte sabendo pelo que lutaria, que resultados queria ver, com um plano para chegar lá e ciente do que merecia ganhar. Essa mudança, em sua perspectiva, permitiu que ela passasse a ter uma mentalidade intencional e a posicionou como CEO de seu próprio portfólio.

Confrontar essa questão pode ser intimidador, especialmente se você está no início da carreira. Já conheci mais do que alguns trabalhadores que deixaram seus empregos porque não tinham ideia de onde estavam e não conseguiam obter respostas claras ou tinham medo de perguntar. É difícil traçar seu rumo profissional quando você está fora de controle, quando não tem as rédeas.

Comece agendando uma reunião com seu supervisor e faça perguntas de *brainstorming* para ajudá-lo a entender o que precisa fazer de diferente para chegar aonde deseja. Em vez de sair do seu local de trabalho, torne-se o condutor do seu papel atual. Isso facilitará a tarefa do seu gestor — e até mesmo o ajudará a crescer.

Cuidados externos

Talvez já tenha tentado vários caminhos para melhorar sua situação em seu local de trabalho atual. Talvez o trabalho não esteja mais funcionando e você precise trabalhar para si mesmo. Deixar seu local de trabalho por oportunidades externas pode significar formar sua própria empresa ou se tornar freelancer. Essas opções não são apenas para pessoas que tiveram uma longa carreira. Antes de pensar que você estaria sozinho lá fora ou que é muito jovem, note que o grupo de norte-americanos autônomos está crescendo exponencialmente, em especial, entre as gerações mais jovens.[19]

Scott Stratten é um deles, e o único homem adulto que conheço que pode usar um coque *hipster*. Com sua esposa, Alison, ele foi coautor de cinco livros mais vendidos sobre negócios e empreendedorismo, e agora é um palestrante muito requisitado.

"Ser empresário", como ele costuma dizer, "quer dizer 'mau funcionário'" em latim.

Ele simplesmente sabia, desde bem cedo em sua carreira, que trabalhar das nove às dezoito horas não bastaria para ele.

Quando tinha doze anos, Scott apareceu no Teleton, em um canal público de televisão local, e foi apresentado a Les Brown, uma lenda no mundo da palestra motivacional. O jovem Scott ficou fascinado com a ideia de falar em público, e quando sua formação universitária o levou a trabalhar em recursos humanos e treinamento — o que o levou a um emprego em uma empresa nacional de embalagens, viajando pela América do Norte para treinar vendedores —, ele percebeu que era possível conciliar as duas coisas. (Quer dizer, se você está sendo pago para vender ar, pode fazer praticamente tudo, certo?)

---

19. Um estudo recente da Deloitte constatou que é provável que o número de autônomos norte-americanos triplique, podendo chegar a 42 milhões até 2020. Desses trabalhadores autônomos, 42 por cento provavelmente serão millennials. Kelly Monahan, Jeff Schwartz, e Tiffany Schleeter, "Decoding Millennials in the Gig Economy: Six Trends to Watch in Alternative Work", Insights (blog), Deloitte.com, 1º de maio de 2018, <https://tinyurl.com/ycpjqnc6>.

Então, Scott deixou esse trabalho para cumprir a vocação de palestrante. Sua primeira incursão foi uma palestra gratuita na biblioteca pública local. Havia dezessete pessoas na plateia naquele dia, nove das quais eram da família. O resto, ele supõe, provavelmente estava apenas esperando a aula de ioga que começaria na sala assim que sua palestra terminasse.

Scott começou a fazer vídeos on-line para promover seu trabalho e, quando esses vídeos se tornaram virais, ele foi para a estrada, dessa vez falando para um público cada vez maior. Quando uma questão médica familiar o obrigou a ficar em casa, ele decidiu fazer vídeos para outros — e transformou seu negócio em uma das empresas de vídeos virais mais bem-sucedidas do mundo. Então, a recessão chegou, e a empresa foi aniquilada.

Em 2009, falido, exceto por seu espírito empreendedor, Scott começou tudo de novo. Dessa vez, ele explodiu no Twitter — e quando conheceu Alison, em 2010, ela pegou suas 38 mil palavras e as transformou nas sessenta mil que se tornariam seu primeiro livro *best-seller*. Scott é o palestrante e Alison é a escritora; juntos, estão em harmonia. Até 2015, Scott lucrava um milhão de dólares em discursos de abertura.

Claro, há noites de insônia e muitas outras sem dormir quando você começa seu próprio negócio. Mesmo anos depois, há sempre momentos de incerteza sobre se o telefone voltará a tocar. Há o momento em que seu melhor cliente o demite e aquele em que seu pior funcionário simplesmente não desiste. Mas há também uma liberdade ilimitada que vem com a possibilidade de decidir quais guerras e quais batalhas travar e em quais colinas você está disposto a morrer.

Descobri, há anos, que sou uma empresária orgulhosa. Você também pode ser um.

Caminhe sozinho

Kathy Klotz-Guest estava indo com tudo, no Vale do Silício, com mestrado, MBA e quinze anos gerenciando marketing e comunicação corporativa para empresas de alta tecnologia em rápido crescimento. Ela também estava fazendo comédia e improvisação como extra (se cinco ou seis noites por semana contarem como "extra"), obtendo muito sucesso com isso. Ela estava profundamente fragmentada — séria de dia, engraçada de noite. Não estava funcionando.

Em seu trabalho diário, Kathy se esforçava para se encaixar, para ser corporativa. Mas não era quem ela era. Como diretora sênior de marketing, media seu propósito pelo resultado, mas se sentia desligada dele, tanto cerebral quanto emocionalmente. Então, ela deu à luz. E o mundo dela mudou.

Kathy saiu em licença-maternidade — e nunca mais voltou. Seu ponto de ruptura foi duas semanas depois de sua licença-maternidade, quando seu chefe ligou para perguntar se ela poderia estar no Japão dali a duas semanas. Em vez de ir ao Japão, ela foi para casa: Kathy demitiu-se. Então, o chefe lhe pediu que voltasse em meio período. Em vez de voltar a trabalhar para ele, ela o aceitou como o primeiro cliente de sua nova consultoria não planejada (e sem nome).

Percebendo o quanto era importante ser fiel a si mesma e estar no controle do trabalho que fazia, Kathy encontrou uma maneira de seguir sua própria energia. Hoje, ela vive como palestrante, contadora de histórias e estrategista de criatividade, comediante e autora de teatro, improvisação e humor nos negócios. Sem tentar se encaixar no ambiente corporativo tradicional, ela é capaz de pôr todo seu ser no trabalho que escolheu. Ela usa as habilidades de comédia de improviso e stand-up combinadas com quinze anos de experiência corporativa para ajudar pessoas e equipes a serem o melhor. Ela também apresenta um programa semanal de comédia, no Vale do Silício, chamado "Laugh Tracks", e a Inc.com apontou seu último livro, Stop boring me!, como um dos livros essenciais de 2017.

Enquanto entrevistava pessoas para este livro, um tema era recorrente: trabalhar por si mesmo é uma das melhores formas de unir os elementos de harmonia em uma combinação que funciona para você. Então, pense se é hora de tomar suas próprias decisões, de ser seu próprio chefe. Fundar uma empresa não é para todos, mas se fizer sentido para você, seguir por conta própria pode ser a melhor escolha que você já fez.

Não tema a gig economy

As pessoas cortam laços com um local de trabalho, em geral, de duas formas distintas. A primeira é simplesmente deixar o trabalho e abrir seu próprio escritório, como Kathy Klotz-Guest e eu fizemos, e exatamente o que você estava fazendo, mas com um chefe melhor (na maioria das vezes). A segunda é deixar seu trabalho, mas não procurar o próximo de jeito nenhum. Em vez disso, é possível procurar por um trabalho que seja interessante e juntar projetos independentes o suficiente para que o portfólio combinado permita uma vida sustentável e ilimitada.

Se sair por conta própria, poderá encontrar a combinação certa de vocação, conexão, contribuição e controle — mas não estar pronto para entrar no empreendedorismo de uma só vez —, juntando-se aos trinta por cento da força de trabalho que já está aproveitando sua chance na gig economy,[20] como descrito por Diane Mulcahy em seu best-seller homônimo de 2016. Ser um profissional da gig economy não é apenas trabalhar além de seu trabalho diário ou fazer algum trabalho de consultoria ou autônomo à parte. Desafiar de verdade a gig economy[21] significa que você depende inteiramente de serviços individuais que, juntos, podem sustentá-lo.

Tome como exemplos o jornalismo, o design gráfico e o treinamento atlético. Em cada área, é difícil conseguir empregos em tempo integral, simplesmente porque o custo para o empregador é muito alto, mas há muito trabalho na forma de contratos independentes de curto prazo. Como resultado, esses tipos de tarefas e responsabilidades são, muitas vezes, contratados a uma taxa horária ou para freelancers, que trabalham projeto a projeto.

20. James Manyika, Susan Lund, Jacques Bughin, Kelsey Robinson, Jan Mischke, e Deepa Mahaja, "Independent Work: Choice, Necessity, and the Gig Economy", McKinsey Institute, outubro de 2016, <https://tinyurl.com/y822uf64>.

21. Gig economy engloba as formas de emprego alternativo que vão desde a prestação de serviços por aplicativos a empregos temporários até o trabalho de freelancer. Na gig economy, a prestação de serviços é paga separadamente, e o prestador de serviços não tem empregador fixo.

A carreira de Glenn Cook já teve três capítulos: ele passou treze anos escrevendo para jornais, quase cinco anos na comunicação escolar e doze anos na publicação de revistas para uma organização sem fins lucrativos. O primeiro capítulo foi sobre aprender o máximo que podia de um emprego e depois seguir em frente. O segundo proporcionou uma visão sobre as complexidades de uma organização encarregada da educação infantil. O terceiro foi sobre pegar as habilidades que havia aprendido nos dois primeiros capítulos e aplicá-las a um público nacional.

Em cada segmento de sua vida profissional, Glenn experimentou algumas dificuldades, desde longas horas de trabalho, baixos salários até a política interna. Essas frustrações foram contrabalançadas pela realização que ele encontrou ao ser criativo e aprender constantemente algo novo — até que o ambiente do escritório, no seu último emprego, se tornou tóxico para o seu espírito. Ele estava estressado, frustrado, esgotado e desorientado em relação ao que queria fazer e como deveria fazê-lo da melhor maneira possível.

Quando Glenn foi finalmente demitido, em 2013, ele era um marido de 48 anos e pai de quatro filhos com poucas oportunidades de emprego e uma grande discriminação etária que o encaravam. Assim, juntou seu trabalho freelancer com a escrita e a fotografia. Embora sua esposa o tenha apoiado, eles sempre temiam o fundo do poço.

Glenn se dedicou à gig economy e hoje está engajado em um trabalho mais criativo do que jamais poderia imaginar, usando palavras e imagens para contar as histórias de indivíduos e organizações sem fins lucrativos. Seu trabalho é amplo, variado e excelente — tenho uma grande fotografia dele pendurada no meu escritório. Mas, acima de tudo, ele só escolhe projetos que atendam aos seus dois critérios específicos: primeiro, o projeto deve contribuir para sua família, ajudando a pagar as contas. Segundo, deve contribuir para sua trajetória profissional, cumprindo sua necessidade de aprender e ser criativo. Quando esses critérios são atendidos, Glenn encontra conexão com seus clientes e é capaz de ajudar os outros e a si mesmo ao longo do caminho.

Para você, a consideração de que a gig economy é a mais adequada se apoia principalmente em três coisas: se sua linha de trabalho atende a este tipo de compromisso; se você tem coragem para lidar com a incerteza; e se é capaz de se cuidar sem os benefícios oferecidos pelo emprego em tempo integral.

Determinando o seu melhor ambiente de trabalho

Então, como decidir se tomar um caminho interno ou externo para a mudança do local de trabalho irá ou não ajudá-lo a encontrar a harmonia? Muitas vezes, confundimos harmonia com simplesmente trabalharmos dentro de nossa expertise no assunto, mas isso é apenas parte da equação. Sua personalidade e como você se relaciona com seus colegas, a maneira como faz seu trabalho ou administra o dos outros e seu comportamento geral no local de trabalho completam o quadro. Considerar a dinâmica certa e como você se encaixa melhor em um local de trabalho é essencial quando se trata de fazer uma mudança.

Você é o tipo de pessoa que trabalha bem sob pressão e em situações atípicas? Ou se sai melhor em um ambiente mais estável, onde raramente surgem crises?

Você é capaz de obter o melhor resultado ao trabalhar com legiões de jovens, idealistas e iniciantes cheios de energia? Ou é mais habilidoso em gerenciar um quadro menor de profissionais experientes?

Você gosta de uma atmosfera política altamente carregada no trabalho? Ou prospera em um ambiente onde a agenda é mais transparente e você está cercado por pessoas que pensam da mesma maneira?

Discernir que tipo de ambiente traz à tona seus melhores traços e permite que você floresça — e encontrar ou criar um local de trabalho que lhe ofereça controle sobre esse ambiente irá incutir uma conexão mais forte com sua vocação. Isso lhe permitirá trabalhar de modo a contribuir para a vida que você quer viver.

Cada empresa, organização sem fins lucrativos ou oportunidade de empreendedorismo tem sua própria personalidade e cultura de trabalho.

Às vezes, a personalidade do local de trabalho reflete a área temática da organização, sua liderança particular ou a indústria ou setor. Por exemplo, os serviços humanos sem fins lucrativos tendem a ser mais voltados para o ativismo, com funcionários mais jovens e idealistas. As instituições de ensino superior tendem a ser mais estáveis. Startups operam normalmente 24 horas por dia, sete dias por semana. Uma pequena cafeteria familiar é muito diferente da Starbucks.

Qual ambiente de trabalho funciona melhor para você?

Capítulo 10

Mudando a si mesmo

Se mudar de carreira está fora de questão e mudar de local de trabalho também, então é hora de voltar o espelho para si mesmo. Será necessário fazer algumas mudanças em termos de como você mede a harmonia para que possa remover os limites e se tornar a mudança que precisa ver em sua vida.

Pensando bem, você pode perceber que nunca teve harmonia na vida. Ou talvez esteja mais velho agora, em um estágio diferente da vida, e aquelas coisas que lhe trouxeram harmonia antes são simplesmente irrelevantes agora. De qualquer forma, cabe a você determinar o que funciona e remover aqueles limites chatos que o sobrecarregaram por muito tempo.

Há várias maneiras de se fazer isso. Primeiro, você precisa parar de se esforçar tanto para acompanhar todo mundo.

Superando as aparências

A cada outono, minhas páginas nas mídias sociais estão cheias de mães aparentemente perfeitas, com seus filhos aparentemente perfeitos, todos entusiasmados em ir para seu aparentemente perfeito primeiro dia de aula. Enquanto isso, lá em casa, a confusão reina solta. É um momento raro quando meus filhos acordam cedo o suficiente para tomar banho (ah, a puberdade!) e se vestir (pontos extras para roupas limpas!) a tempo de chegar à escola — muito mais raro ainda é vê-los parados (sem revirar os olhos!) tempo suficiente para me abençoar com aquela foto preciosa, embora brega, do ritual de passagem. Para provocar, este ano eu postei uma foto do "Segundo Dia de Aula".

É muito fácil cair no abismo da comparação, tentar acompanhar os jovens, ouvir os conselhos de todos sobre como é o sucesso e o que devemos fazer para alcançá-lo. Tudo que isso faz é nos limitar. Tudo fica fora de controle: nossa compreensão do valor da nossa vocação, a conexão que queremos, a contribuição que ela nos dá e o controle que precisamos ter sobre ela.

Essas fotos de volta às aulas podem preencher nossos feeds de notícias com alegria, mas elas — e todas as outras formas que nos levam a julgar as realizações dos outros — também nos enchem de dor, com infinitas comparações e dúvidas sobre nós mesmos. Será que estou fazendo a coisa certa? Será que fiz as escolhas certas? E se eu tiver uma recaída? Todas essas definições prescritas de sucesso, com todas as vozes gritantes de perfeição, contribuem para o barulho já presente em nossas próprias cabeças, ligados ao fato de que talvez não avaliamos e não equilibramos as coisas. E de que não podemos ter tudo.

É tudo besteira. Do começo ao fim. Quando competimos desse jeito, não há como vencer.

Vamos descartar as definições limitantes das versões de sucesso de outras pessoas aqui e agora mesmo. Desculpe-se, educadamente, por correr a corrida que outra pessoa criou para você e comece a correr a sua própria. Seja o seu próprio campeão. Faça o seu próprio caminho. Corra a sua própria corrida. Julgue apenas o seu próprio progresso.

E todas aquelas vozes questionando suas escolhas e dizendo o que você deve fazer e o que precisa fazer? Elas simplesmente não merecem existir — a não ser que você permita. Isso inclui aquela voz dentro da sua própria cabeça.

Fazendo escolhas difíceis

Edison Research é o único fornecedor de dados das eleições nacionais dos Estados Unidos; é um consórcio de organizações de mídia de notícias que se formou após o grande furo da eleição Bush-Gore em 2000. Como pode imaginar, o faturamento é alto; a última empresa com este contrato saiu do mercado imediatamente após um terrível episódio na Flórida. Cometer erros simplesmente não é uma opção.

Com catorze anos de carreira, Tom Webster é, na verdade, um dos contratados mais recentes da equipe sênior da Edison. A Edison não é uma empresa para quem vive mudando de emprego, pois o DNA do local permite que Tom e toda a equipe vivam em total harmonia; lá, o que eles fazem se alinha com quem são. A Edison é generosa com a saúde e doa para instituições de caridade em nome de seus funcionários. Os funcionários têm uma forte bússola moral ("Preferimos ser os últimos e corretos do que os primeiros e errados") e uma forte bússola ética, e corrigem os erros (quando eles acontecem) rapidamente e com transparência. É uma sensação boa.

Mas nem sempre foi bom para Tom. Seu trabalho como vice-presidente sênior o colocava muito na estrada, embora ele não se importasse, pois isso lhe permitia entregar aos clientes um conjunto de valores alinhados com o seu, o que contribuiu para sua capacidade de viver esses valores no trabalho. Por outro lado, ele percebia, cada vez mais, que se importava com ficar em casa. Quando esteve em casa por longos períodos, começou a encontrar todo tipo de coisa errada no trabalho, culpando-o diretamente por fazê-lo infeliz.

Depois de um tempo, Tom percebeu que não era o trabalho que andava mal. Ele estava perdendo tempo com a ideia de mudar de emprego simplesmente porque seria mais fácil do que mudar de casamento. Ele estava tentando consertar a coisa errada.

Então, Tom fez a difícil escolha e descobriu como consertar a coisa certa — sua vida pessoal —, o que implicou na difícil escolha do divórcio e na maravilhosa escolha de um novo casamento. Logo, se tornou um trabalhador mais feliz e um pai melhor. Sua vida se encaixou, e ele pôde estar em completa e total harmonia.

Seja holístico

Ter dois conjuntos de valores — um que você está vivendo no trabalho e outro em casa — não vai funcionar se ambos estiverem sempre em desacordo. Mas e se cada versão sua apoiar a outra, para que haja alinhamento entre as duas — ou para que uma permita a existência da outra? Quem disse que você tem que colocar todos os seus ovos na mesma cesta?

Se o seu trabalho principal não lhe dá harmonia, por que deixá-lo que o defina completamente? E se você folheasse o roteiro e parasse de olhar para seu trabalho principal, pago para lhe dar identidade, propósito e felicidade — mas, em vez disso, olhasse para ele como a coisa que lhe permite perseguir aquela vocação que você adora? Ver seu trabalho diário como algo que contribui para você controlar sua conexão com sua vocação é uma das melhores maneiras de encontrar sua harmonia.

Marci Alboher, autora do aclamado livro *One person/multiple careers*, de 2007, argumenta que as pessoas podem usar um *slash* para incorporar suas paixões únicas ao trabalho. O que é um *slash*? É a combinação de um trabalho "âncora" — aquele que paga as contas, fornece os benefícios, contribui para a aposentadoria ou é limitado pela localização física — e um trabalho "satélite", ou que pode ser feito de forma mais flexível.

Em seu livro, Marci descreve uma advogada que trabalha como promotora criminal, e também, é ministra nos fins de semana; apresenta, ainda, uma professora de estudos sociais do ensino médio em tempo integral que é uma modelo de grande sucesso depois das três da tarde nos fins de semana e no verão. Essas carreiras aparentemente não têm nada em comum, embora uma investigação mais minuciosa provavelmente consiga encontrar algumas ligações. Um exemplo conhecido de profissional *slash* é Sanjay Gupta, correspondente médico da CNN, que alterna entre seu trabalho na TV e na sala de cirurgia. Essa combinação única permite que ele mantenha uma mão (literalmente) no que está acontecendo no cenário clínico ao mesmo tempo em que oferece perspectivas sobre questões relacionadas à saúde nas notícias nacionais — com uma profissão informando a outra.

A própria Marci é uma "*slash*", e suas profissões alternadas evoluíram com o tempo. Eu a conheci após a publicação do meu livro anterior, *Mission driven: moving from profit to purpose*, que se concentra mais estritamente no tipo de propósito encontrado através do trabalho sem fins lucrativos relacionado à causa. Na época, Marci estava escrevendo a coluna e o blog "Shifting Careers", para o *New York Times*. Ela havia passado dez anos como advogada corporativa, ficando presa no jogo da especialização: como generalista, advogada de publicidade, advogada de marketing direto, advogada de mala direta e, finalmente, advogada da *Reader's Digest*.

Marci estava no topo e era muito bem paga; ser uma das poucas pessoas no mundo com uma especialidade tão específica ajuda. Mas, embora o trabalho fosse intelectualmente estimulante, muitas vezes não fazia sentido (ou mesmo era prejudicial), e ela queria mudar para um trabalho que causasse um impacto positivo no mundo. Como era boa no que fazia e no gerenciamento de seus clientes, era capaz de negociar um trabalho de três dias por semana. Primeiro, enquanto trabalhava em Hong Kong (para poder viajar), e depois com um novo empregador, quando voltava para Nova York (para ter aulas de redação).

O que Marci adorava na escrita era a flexibilidade. Ela podia escrever sobre qualquer coisa, mas se sentia cada vez mais atraída por pessoas que eram puxadas em várias direções diferentes, ao mesmo tempo, como ela. Viajava pelos Estados Unidos entrevistando centenas de *slashes* como ela e escrevendo seu livro.

A carreira âncora de Marci terminou quando ela se juntou à equipe de gestão do Encore.org, um centro de inovação sem fins lucrativos que aproveita os talentos da população com mais de cinquenta anos como uma força para o bem. Como uma voz pedindo bis e usando o "segundo ato" para o bem maior, ela passou muito tempo se aprofundando em como as pessoas e a sociedade pensam a respeito de trabalho e propósito social, agora que nossa vida profissional é mais longa do que nunca. Seu livro de 2012, *The encore career handbook: how to make a living and a difference in the second half of life*, registra o que ela aprendeu ao longo do caminho.

A carreira *slash* de Marci permitiu-lhe explorar diferentes interesses, seguir em novos tipos de trabalho e evoluir, à medida que chegava às novas fases da vida. Mesmo que seu trabalho atual esteja organizado em torno de um grande papel "âncora" no Encore, onde pode conciliar muitos de seus interesses, ela sempre arranja tempo para outros trabalhos que orbitam naturalmente em torno desse foco. Ela é membro da diretoria da Girls Write Now, uma organização sem fins lucrativos que orienta meninas do ensino médio por meio da escrita. Ela também está profundamente envolvida com outras organizações que fazem trabalhos importantes, como The OpEd Project, que amplia e apoia diversas vozes em conversas públicas.

Marci começou rejeitando uma definição única de sucesso, que olha apenas para um título de trabalho. Ela pensou em sua vocação, em seu controle, no modo como seu trabalho diário a ligava a essa vocação e como ele contribuía financeiramente para o estilo de vida que ela queria e para os valores que ela acreditava. Ao se permitir a graça de uma definição ampliada — que levava em conta as horas passadas em seu trabalho tradicional e como essas horas abriam espaço para seus trabalhos não tradicionais —, Marci desenvolveu uma versão holística de si mesma e removeu os limites que estavam em seu caminho.

Ao embarcar nesse novo passo de sua jornada, talvez você ache melhor manter seus interesses separados, como a professora/modelo do colegial. Por outro lado, pode descobrir uma maneira de combinar seus interesses, como a advogada/pastora que Marci perfilou; ela, mais tarde, se tornou presidente da Easterseals — uma organização sem fins lucrativos que fornece apoio, serviços e oportunidades para pessoas que vivem com deficiências físicas — enquanto lidera uma igreja comunitária com seu marido, que também é pastor.

Será que se tornar um profissional *slash* — alguém que faz malabarismos combinando um trabalho âncora e um trabalho satélite (ou trabalhos) — pode lhe proporcionar harmonia?

Remixando o equilíbrio

O treinamento de Jake Tedaldi e o emprego precoce como veterinário clínico foram frustrantes. Ele odiava as constantes interrupções, por parte dos assistentes, alertando-o para verificar diferentes pacientes. Abominava a esterilidade fria das salas de atendimento clínico. Desprezava ser tão apressado o dia todo, sendo que ele tinha que passar as noites tentando lembrar qual paciente era qual enquanto escrevia os prontuários. Ele não tinha controle sobre a artilharia com que o trabalho atirava contra ele e o afastava de sua vocação: prestar cuidados focados em seus pacientes animais e seus cuidadores nervosos.

Foi só olhando através da lente da paternidade que Jake conseguiu perceber a forma como seu trabalho estava limitando sua capacidade de viver em harmonia. Ele precisava fazer o que amava, mas também era pai de quatro filhos pequenos que precisavam dele — e marido de uma médica que trabalhava por longas horas como residente. Por isso, Jake elaborou um plano para aumentar a flexibilidade em sua situação de trabalho, o que, por sua vez, permitia um maior controle sobre sua experiência de trabalho diária: ele deixou o mundo clínico e começou uma clínica própria como veterinário doméstico para esses animais e seus cuidadores nervosos — e entre eles, eu. Au! Au!

Jake encontrou sua harmonia quando foi capaz de renovar seu equilíbrio dos quatro elementos. Sua vocação e conexão não precisavam de ajustes, mas ele viu a necessidade de aumentar seu controle e recalibrar sua contribuição, com o entendimento de que uma maior flexibilidade em seu tempo compensava a diminuição de renda. Depois de fazer a mudança necessária para si mesmo — onde e como ele fazia seu trabalho, quanto ou quão pouco trabalhava e quão rápido sua renda e sua clientela aumentavam —, sua contribuição subiu ao nível apropriado para ele e sua família.

Nem sempre esperamos ou antecipamos uma mudança no que nos limita e, muitas vezes, nos surpreendemos com o efeito. Normalmente, essas mudanças acontecem à medida que passamos por certas etapas, como a de nos tornarmos pais ou de estarmos próximos da aposentadoria. Mas uma recalibração de o que harmonia significa para você pode facilmente ocorrer após um diagnóstico repentino ou uma importante notícia mundial. Se, em diferentes momentos da vida, suas necessidades mudam, então os valores que atribui à vocação, à conexão, à contribuição e ao controle também devem mudar.

Determinando o que é certo para você

Cada um de nós terá limites diferentes, externos ou internos, que nos impedem de descobrir nosso verdadeiro caminho para uma carreira satisfatória e para a vida doméstica agradável. Você deve decidir que valor atribui à vocação, à conexão, à contribuição e ao controle — e que ajustes próprios são necessários para que possa alcançar a combinação distinta que o torna sem limites.

Determinar o que é certo para você se resume a decidir uma coisa: o que permite igualar o *que você faz* a *quem você é*? Esta abordagem introspectiva pode levar a algumas perguntas difíceis sobre si mesmo antes de poder agir e fazer as mudanças necessárias.

Como é o sucesso para você, tanto agora quanto no futuro?

Como quer que seu trabalho defina sua vida ou suporte seu estilo de vida?

O que seu trabalho remunerado lhe permite fazer fora do expediente?

Os valores que o atraem para o seu trabalho são os mesmos valores que você vive em casa?

Fazer essas perguntas lhe permitirá ser honesto consigo mesmo sobre o que cada um dos elementos de vocação, conexão, contribuição e controle significa para você.

O que precisa mudar, a fim de que possa viver a vida que realmente quer para si mesmo?

CONCLUSÃO

Imagine que acabou de subir o Monte Everest. Ao longo de muitos anos, você treinou mental e fisicamente para realizar este feito. Passou meses com cãibras, subindo pela neve e pelo gelo, sobre fendas que o colocavam em situação de vida ou morte e com medo constante de avalanches, tempestades e ferimentos. Você passou inúmeras horas se preparando, se organizando, se preocupando, sonhando. A cada passo, esgotou até a última reserva de energia. Agora, você chegou ao topo. Finalmente, conseguiu.

Então é a hora de curtir, relaxar e celebrar o sucesso. Certo?

Na verdade, não.

Voltando vivo

Em 2002, Alison Levine recebeu um telefonema inesperado. Ela foi convidada a servir como capitã da primeira Expedição das Mulheres Norte-americanas ao Everest, patrocinada pela Ford Motor Company. Alison solicitou e obteve uma licença não remunerada da Goldman

Sachs e iniciou o treinamento e a captação de recursos para o enorme empreendimento. No período que a antecedeu e durante toda a aventura, Alison e sua equipe foram apresentadas por mais de 450 veículos de comunicação, com pessoas de todo o mundo aguardando ansiosas por notícias de seu sucesso triunfante.

Agora, não entenda mal. Essa não foi uma jogada vaidosa de um desses sujeitos de Wall Street da vida, buscando lucrar com bravata. Alison tinha ido parar na Goldman por acaso. Formada em artes liberais pela Universidade do Arizona e uma ávida mulher ao ar livre — ela escalou o pico mais alto, em cada um dos seis continentes, e esquiou tanto no Polo Norte quanto no Polo Sul —, Alison sempre planejou transformar seu hobby em sua vocação, iniciando uma empresa de viagens de aventura. Ela se mudou para a Duke University para conquistar um MBA e preencher as lacunas financeiras e contábeis. Para uma mulher que aceitou seu primeiro emprego pós-universitário em vendas farmacêuticas, porque veio com um salário de 22 mil dólares e um carro corporativo — e ela realmente precisava daquele carro —, a Goldman não era apenas um mundo totalmente novo. Era um universo totalmente novo.

Um do qual ela não gostou. Alison amava seus colegas e achava o trabalho desafiador — então não havia problema. Ela também apreciava a cultura da meritocracia e a busca por entregas superiores. Mas seu coração não estava nele. Não havia conexão entre o trabalho que fazia e sua própria vocação de sair, explorar e tornar a vida das pessoas melhor, expondo-as a novas experiências ou ajudando-as a encontrar a felicidade. Ela se sentia limitada.

Alison trouxe seu intelecto e energia ilimitados para trabalhar todos os dias, mas não os aproveitou para impulsionar os resultados dos negócios. Sem se conectar com suas verdadeiras motivações, ela nunca colheu os tipos de recompensas que se poderia esperar de um trabalho extravagante e em Wall Street. Ademais, ela não era capaz de controlar suas horas, em uma cultura que exigia dias de trabalho cada vez mais longos — presa a uma mesa de escritório, em vez de sair mundão afora.

Então, quando aquele telefonema chegou, em 2002, convidando

Alison para liderar uma expedição de mulheres no Monte Everest, ela aceitou de imediato. Estava caminhando para o topo do mundo.

Ela quase conseguiu, também.

A equipe de Alison estava a 275 pés do topo de uma montanha de 29.029 pés quando o tempo mudou. O sucesso estava próximo, mas ela rapidamente o viu escorregando por entre os dedos. Alison sabia que continuar até o cume viria com uma probabilidade fatalmente alta de nunca mais voltar a descer. Como capitã, ela se deparou com a vocação e sabia que a equipe tinha que dar a volta. Elas tinham o que era preciso, mas a Mãe Natureza venceu.

De modo improvável, em 2010, Alison se viu de volta ao Everest, lugar que ela nunca pensou que revisitaria. Dessa vez, ela estava no cume, segurando um machado de gelo gravado com o nome *Meg*, homenageando uma amiga que tinha morrido muito jovem por complicações de gripe apenas cinco meses antes, após vencer o linfoma duas vezes. Alison ficou de pé no cume apenas o tempo suficiente para tirar uma camiseta com as palavras "Team Meg" e sorrir amplamente para uma foto comemorativa do momento. Em seguida, ela se virou e começou a descer.

Espere, o quê?

Ela não ficou horas lá em cima e comemorou o tão esperado sucesso?

Não, porque ficar no cume por muito mais tempo do que aquele breve momento só esgotaria ainda mais seu oxigênio e a colocaria em perigo ao descer. Porém, o mais importante, Alison não ficou no topo porque já havia obtido sucesso na primeira vez.

Acontece que o sucesso não é o que pensamos que é — na realidade, as definições tradicionais não dão conta dele. O sucesso na carreira não é encher um balde de medalhas, nem alcançar um trabalho perfeito no papel, nem assinalar todas as opções no questionário vocacional de outras pessoas. Sucesso não é subir ao topo do Monte Everest. É descer vivo para contar a história.

Alison fez isso duas vezes. E mesmo que ainda não dirija aquela empresa de exploração ao ar livre (ainda!), seu trabalho viajando pelo mundo, dando lições sobre gestão e liderança aprendidas ao longo de suas próprias aventuras, agora lhe traz harmonia. Ela é capaz de cumprir sua vocação, ajudando as pessoas a se tornarem versões melhores de si mesmas. Ela entende como cada conversa com cada público se conecta a essa vocação. Ela ainda é uma das mulheres mais bem pagas do circuito de palestras, o que lhe permite ter algum controle sobre seu horário de trabalho. Enquanto isso, vive seus valores e desfruta de um nível de contribuição financeira melhor do que quando usufruía do carro da empresa farmacêutica ou tinha um desempenho medíocre na Goldman.

Como Alison descreve em seu livro *best-seller* de 2014, *On The Edge: leadership lessons from Mount Everest and other extreme environments*, às vezes, é preciso dar meia-volta para seguir em frente.

Desviando o caminho

Da mesma forma, às vezes, seguir em frente significa sair do caminho. Jack Lew fez exatamente isso.

Como muitos jovens idealistas, Jack começou como um estagiário no Capitólio dos Estados Unidos. Ele foi uma criança dos anos 1960, que passou seu tempo no colegial fazendo petições ao diretor para acabar com a guerra no Vietnã, sendo voluntário em muitas campanhas eleitorais, organizando a participação no primeiro Dia da Terra e coordenando a Marcha de Nova York contra a Fome. Todas essas ações refletiam sua crença vitalícia e inabalável de que cada um de nós pode e deve fazer algo para tornar este mundo um lugar melhor.

Os primeiros empregos de Jack foram de assistente em vários escritórios do Congresso e na prefeitura de Boston. Desde então, ele tem passado sua carreira entre o trabalho privado e o público. Atuou como diretor-executivo do Comitê de Direção Democrática e Política para o presidente da Câmara Thomas P. O'Neill Jr., trabalhando lá desde 1979 até sua aposentadoria, em 1987. Foi quando Jack deixou a cidade para advogar na área de direito de energias.

Conheci Jack em 1993, quando ele voltou ao governo para ajudar a escrever a legislação que viria a se tornar a AmeriCorps. As pessoas perguntavam por que ele estava interessado nisso, afinal, já tinha tido um ótimo trabalho no Capitólio. Por que ele trabalharia para um pequeno escritório na Casa Branca, iniciaria um pequeno e agradável programa (se passasse pelo Congresso) que não se aproximava das questões políticas de grande escala com as quais ele estava acostumado a trabalhar?

Jack foi guiado, então, pelo mesmo princípio que guia sua carreira até os dias de hoje: fazer um trabalho interessante com boas pessoas. Enquanto todos definem os termos *trabalho interessante* e *boas pessoas* de maneira diferente, para Jack, a questão era criar uma estrutura na qual cada um de nós, através do serviço, pudesse melhorar nossas comunidades e nosso país. Além disso, ele gostava de Eli Segal, o diretor do nosso escritório, desde o momento em que se conheceram. Jack sabia que o programa era importante e confiava que Eli cuidaria de seus melhores interesses. Ele achou que o pior que poderia acontecer seria passar oito ou nove meses fazendo algo que era importante, ainda que tivesse pouco a ver com o resto de sua carreira. Então ele voltaria para um caminho mais familiar.

Se você reconhece o nome Jack Lew, é porque a assinatura dele provavelmente está em algumas das notas da sua carteira neste momento. Ao ouvir sua autodeterminada definição de sucesso, Jack embarcou no que viria a se tornar uma carreira na Casa Branca, como diretor do Gabinete de Administração e Orçamento do presidente Bill Clinton e do presidente Barack Obama; como secretário adjunto de Hillary Clinton, quando dirigiu o Departamento de Estado dos EUA; como chefe de gabinete do presidente Obama; e, por fim, como o 76º Secretário do Tesouro dos Estados Unidos.

Jack não conhecia os Clintons nem os Obamas antes de começar a trabalhar para Eli. Ele não procurava aquele emprego, para aquele pequeno programa, buscando ganhos futuros. Apenas sabia que, ao ouvir seu próprio princípio orientador — um *trabalho interessante para boas pessoas* —, seu mundo de experiências e oportunidades se expandiria, e, junto com ele, futuras oportunidades que se encaixassem no seu princípio orientador surgiriam. Jack não tinha um plano específico sobre o que seria sua carreira quando embarcasse no primeiro dia de seu primeiro emprego, ou em qualquer uma de suas posições subsequentes, a propósito. Certamente ele não previu seu próximo passo, após trabalhar na AmeriCorps, que se tornou um programa de assinatura do governo Clinton e ganhou apoio bipartidário, ao mesmo tempo em que deu a mais de um milhão de pessoas a oportunidade de servir à sua comunidade e ao país.

A ideia de um serviço nacional e comunitário foi uma vocação para Jack, e ele adorou a ideia de um programa que pudesse dar estrutura ao movimento. Ele se inspirava na liderança com a qual trabalhava todos os dias e no presidente a quem servia.

Ele tinha conexão. Como autor principal da legislação, Jack tinha uma linha de visão direta, de como cada decisão que tomasse afetaria as eventuais chances de aprovação do projeto e de consagração na lei. Como um dos principais defensores, viajando por todo o país para conseguir a adesão de funcionários eleitos, nacionais e estaduais, sua capacidade de comunicar escolhas era crucial.

Ele tinha contribuição. Isso permitiu que os valores da vida de Jack definissem seu trabalho. Ele se posicionou em uma função inferior, mas com acesso privilegiado, o que aumentou seu leque de opções para oportunidades futuras. O universo de pessoas que reconheceram suas contribuições cresceu, incluindo o presidente e a liderança sênior da Casa Branca.

Ele tinha controle. Mesmo que essa promessa de campanha cumprida tenha sido uma das primeiras a sair pelo portão ao término da primeira administração do presidente Clinton, e mesmo que o trabalho fosse rápido e impetuoso, Jack estava trabalhando com pessoas que respeitavam o fato de que ele tinha uma família jovem e compromissos importantes com eles também. Lembro-me de uma época em que Jack e Eli viajavam, de estado em estado, vendendo o programa para os governadores, mas Eli ainda se certificou de levar Jack para casa a tempo de celebrar o Shabbat[22] com sua família.

Essa combinação de vocação, conexão, contribuição e controle em sua função teve um impacto duradouro sobre Jack. Mais tarde, ele fundou e presidiu a City Year New York e serviu na diretoria da Corporation for National and Community Service. Hoje, atua no conselho consultivo do Service Year e é um frequente defensor do financiamento da AmeriCorps. Apesar de posteriormente ter atuado em cargos muito maiores, Jack diz que a AmeriCorps ainda ocupa um lugar importante em seu coração.

* * * * *

Alison superou as dificuldades. Jack deu um passo adiante. Ambos oferecem histórias de sucesso inspiradoras, embora nenhum dos dois tenha seguido o caminho esperado. Eles *alcançaram* o sucesso por causa de como *definiram* o sucesso. Eles determinaram e perseguiram seus próprios níveis de vocação, conexão, contribuição e controle, que levariam à sua harmonia pessoal.

Ao fazer isso, se tornaram ilimitados.

Agora, é a sua vez.

22. Nota do Editor: Na cultura judaica, o Shabbat – sabbatum, no latim – é o sábado, e Shabbat Shalom é o descanso de sábado, simbolizando o descanso de Deus ao término da criação e o descanso do povo hebreu após os seis dias do Êxodo.

Agradecimentos

Arthur Ashe disse uma vez: "Comece onde você está, use o que você tem, faça o que puder."

Fiz o que pude porque tinha todos vocês, que me aceitaram onde eu estava e me tornaram uma versão melhor de mim mesma.

Tamsen Webster, você reconheceu que eu tinha uma *Big Idea* e me pediu para considerar fazer uma palestra no TEDx, o que levou a uma carreira de palestrante não planejada, um convite para uma comunidade de nível mundial e apresentações para várias pessoas, que seriam cruciais para a criação deste livro. Scott Stratten, você é um príncipe, homem entre os homens; você fez o bem e se casou muito bem também. Rohit Bhargava, você se arriscou com a minha ideia e reconheceu que ela poderia ser maior. Daniel Lemin, sua leitura antecipada colocou o navio na direção certa. Carey Lohrenz, você segurou minha barra da maneira mais gentil possível e não me deixou seguir com a mediocridade; você e Alison Levine são a melhor matilha de lobos que qualquer mulher poderia ter. Clay Hebert, o brilho que você colocou em 45 minutos foi o maior ponto de virada do livro, na trajetória, na energia e na vibração dele. E, acima de tudo, Mitch Joel, você é realmente o padrinho deste livro; seus conselhos, suas conversas e suas críticas me fizeram cavar fundo para acertar.

Para minha irmã de família, Caren Krumerman, e minha irmã de "famiglia", Ilona Goldfarb; para Beneva Nyandebo, Richard Tagle, Rayanne Thorn, Michelle Hynes, Karen Wright, Ted "C." Hammerman, Daniel McConvey, Gretchen Gardner e Amy Dorta McIlwaine — suas repetidas leituras, comentários e edições fizeram com que minhas ideias alcançassem todo o potencial que tinham.

Aos meus amigos, que me ouviram (infinitamente) enquanto eu trabalhava em minhas ideias em corridas, em ERGs, em estádios — agora vocês podem voltar aos seus fones de ouvido que anulam o ruído. Aos meus amigos que receberam o mesmo tratamento entre jantares e bebidas — a próxima rodada é por minha conta.

Para os meus pais, que reconheceram a minha crise de harmonia anos atrás — eu nunca vou entender como vocês encontraram a flexibilidade para me deixar pegar um panfleto desses, sair da faculdade de direito e participar de uma campanha presidencial de um cara desconhecido do Arkansas, mas tenho a certeza de que ficaram felizes. E aos meus parentes, os melhores que uma garota poderia querer: obrigada por modelarem uma vida de propósito para mim.

Aos meus filhos, Benjamin e Tobias, que me influenciam mais do que jamais saberão e que me inspiram mais do que eu pensava ser possível — tenho muita sorte em ser a mãe de vocês.

Ao meu marido, Jonathan, cujo brilho só é superado por sua paciência eterna: você é minha casa. Obrigada por manter o cachorro vivo enquanto eu escrevia.

Àqueles que me emprestaram suas histórias, que corajosamente fizeram as mudanças necessárias para viverem suas próprias vidas com propósito: eu os saúdo.

E a você, leitor, que deposita sua confiança em mim — acredito em você, e mal posso esperar para ver o que você fará a seguir.

Leia também, de Marianne Cantwell:

SEJA LIVRE

Como trabalhar com autonomia,
prazer e ainda pagar suas contas

Aquele conselho de carreira que você recebeu na escola há tantos anos está desatualizado. Cada vez mais pessoas dizem "não, obrigado" ao trabalho convencional, e saem de seus escritórios insossos para criar vidas notáveis em suas próprias condições. A missão? Liberdade e realização, não na aposentadoria, não nas suas férias anuais, mas em todos os dias, a partir de agora. Esses indivíduos são os humanos livres.

Os livres trabalham quando, onde e como querem, e são pagos para fazer o que gostam. Hoje, você pode encontrá-los em todo o mundo, atuando felizes com seus laptops em parques, cafés, praias e em suas mesas de cozinha, aproveitando a vida da melhor forma, sem um escritório ou um chefe.